THE ART OF INSUBORDINATION

不服从的艺术

HOW TO DISSENT AND
DEFY EFFECTIVELY

(Todd Kashdan)
[美]托德·卡什丹 —— 著

冀 琳 ——— 译

中国科学技术出版社
·北 京·

Copyright © 2022 by Todd Kashdan, Ph.D.
All rights reserved including the right of reproduction in whole or in part in any form.
This edition published by arrangement with Avery, an imprint of Penguin Publishing Group, a division of Penguin Random House LLC.
北京市版权局著作权合同登记　图字：01-2022-1379。

图书在版编目（CIP）数据

不服从的艺术 /（美）托德·卡什丹著；冀琳译 . — 北京：中国科学技术出版社，2022.9

书名原文：The Art of Insubordination: How to Dissent and Defy Effectively

ISBN 978-7-5046-9721-9

Ⅰ. ①不… Ⅱ. ①托… ②冀… Ⅲ. ①说服—语言艺术—通俗读物 Ⅳ. ① H019-49

中国版本图书馆 CIP 数据核字（2022）第 152901 号

策划编辑	申永刚　方　理
责任编辑	申永刚
封面设计	今亮后声·郭维维
版式设计	蚂蚁设计
责任校对	张晓莉
责任印制	李晓霖

出　　版	中国科学技术出版社
发　　行	中国科学技术出版社有限公司发行部
地　　址	北京市海淀区中关村南大街 16 号
邮　　编	100081
发行电话	010-62173865
传　　真	010-62173081
网　　址	http://www.cspbooks.com.cn

开　　本	880mm×1230mm　1/32
字　　数	146 千字
印　　张	7.5
版　　次	2022 年 9 月第 1 版
印　　次	2022 年 9 月第 1 次印刷
印　　刷	北京盛通印刷股份有限公司
书　　号	ISBN 978-7-5046-9721-9/H·95
定　　价	69.00 元

（凡购买本社图书，如有缺页、倒页、脱页者，本社发行部负责调换）

献给我的三个女儿：雷文（Raven）、克洛伊（Chloe）和维奥莉特（Violet）。

我希望你们有勇气不服从每一项有必要反对的规范、规则、指令和权威，并且按照你们自己的意愿生活。

这是我努力实现的人生目标之一。

序言

这本书适合你吗

这本书写给所有认为传统智慧和惯例亟待改进的人，哪怕只是改变其中很小的一个方面。写给所有渴望在这个世界上看到更多公平、更多自由、更多经济稳定、更多共享精神和更多人性的人。写给所有懂得不服从的价值，并且承认我们迫切需要自由思想家为进步而颠覆毫无益处的社会规范的人。当然，本书也写给那些落拓不羁，认为在改变世界的同时嬉笑怒骂也无妨的人。

目录
CONTENTS

第一部分　拥抱不服从

第一章
在图书馆里翻跟头的意义　用聪明的方式打破惯例，获取成功

★ 核心建议　017

第二章
我们为讨人喜欢而做的傻事　为了融入群体，我们备受煎熬

"老一套"的吸引力　021

为什么大多数人不发动变革　023

敞开心扉，拥抱改变　032

★ 核心建议　033

第三章
不服从者推动变革　为什么说原则性不服从如此重要

提出异议等于进步　038

让包容开放成为你的默认设置　052

★ 核心建议　053

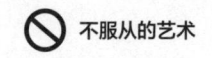

第二部分　给不服从者的建议

第四章

修炼说服术　如何说服持怀疑态度的服从者

原则一：打入多数派内部　061

原则二：激起好奇心，而非恐惧　063

原则三：营造客观的氛围　065

原则四：表现勇敢的自我牺牲精神　067

原则五：既要始终如一，也要灵活应变　069

只要你愿意，改变就会发生　071

★ 核心建议　074

第五章

吸引支持者　如何减少打破现状带来的压力

原则一：充分利用你的社会资本　078

原则二：齐心协力，共渡难关　084

原则三：在服从性和独特性之间取得平衡　086

勇敢地驶向无人之地　091

★ 核心建议　093

第六章

磨砺意志　如何消化负面情绪和被拒绝的痛苦

使用心理灵活性仪表盘　098

坚持不服从　119

★ **核心建议**　121

第七章

负起胜者的责任　成为新的多数派之后，如何避免道德伪善

不服从者的不满　124

不服从者的噩梦　127

不服从者的盲点　131

我们必须提出的问题　133

★ **核心建议**　141

第三部分　利用不服从

第八章

与不服从者建立友好关系　如何克服阻碍，发现新奇思想

障碍一：心理困扰　148

障碍二：自负　155

障碍三：狭隘　161

更好地实践　165

★ 核心建议　167

第九章

从"怪人"身上汲取智慧　如何构建善待不服从者的群体文化

途径一：营造鼓励人人参与贡献的氛围　172

途径二：解散小团体　177

构建善待不服从者的群体文化　182

★ 核心建议　183

第十章

培养具有不服从精神的孩子　培养下一代英雄的科学策略

不服从者养成原则一：让孩子知道你相信他们　187

不服从者养成原则二：让孩子知道你对他们的兴趣感兴趣　190

不服从者养成原则三：培养孩子的自主性　192

不服从者养成原则四：培养孩子筛选信息的能力　194

不服从者养成原则五：给孩子讲不服从者的故事，无论其成败　197

不服从者养成原则六：教育孩子什么是真正的勇敢　199

今天你要改变什么　203

★ **核心建议** 206

后记
酝酿你的下一次不服从壮举 如何开始阅读这本写给不服从者的烹饪教材

注释 210

致谢 224

PART 1

第一部分
拥抱不服从

不服从的艺术

第一章
在图书馆里翻跟头的意义
用聪明的方式打破惯例，获取成功

无论高中课本是怎么讲的，查尔斯·达尔文并没有发明进化论。[1]或者，好吧，他发明了，但是他并非一手包办了这个理论。在《物种起源》这本改变世界的奇书序言中，达尔文列出了30个人的名字，他们都在达尔文之前就以超凡的勇气质疑了与自然有关的正统的知识和宗教观念。

这些前辈为他们的勇气付出了惨重的代价。你听说过阿慕尔·本·巴哈尔[①]吗？运气好的话，或许能找到一个以他为原型的冰箱贴。阿拉伯学者称贾希兹为"进化论之父"，并且理由相当充分：他早在公元860年就提出了"适者生存"的概念，比达尔文早了近一千年。贾希兹试图解释为什么同样是从非洲和亚洲引入伊拉克的动物，有些很快适应了新环境，另一些却得病死了。[2]回馈他这一生物学发现的，是被逮捕并被驱逐出家乡。巴格达的统治者还

---

① 阿慕尔·本·巴哈尔（Abu Uthman Amr ibn Bahr al-Kinani，776—869年）是阿拔斯王朝早期著名的文学家，因凸眼而得名贾希兹（Al-Jahiz，意为"凸眼人"）。——译者注

以极具中世纪色彩的手段处置了资助贾希兹研究的富人,[3]他被士兵关押进监狱,然后用铁女架①处死。

你可能会想,这下科学家肯定引以为戒,把他们奇怪而危险的理论当成秘密,守口如瓶。然而约700年后,到了16世纪,又有一位叫作伯纳特·贝利希(Bernard Palissy)的法国科学家大胆挑战天主教权威,认为教会宣称地球仅存在了几千年的说法有误。贝利希注意到潮汐和风需要漫长的时间才能对地貌造成肉眼可见的变化,因此他断言地球肯定不只才存在了几千年(但他拒绝回答地球究竟存在了多久)。贝利希还提出几千年前的大象肯定和如今的大象长得不一样。这种物种演化的观点在当时属于异端邪说。果不其然,他得到的奖励是几度被捕,被处以鞭刑,连著作也被销毁。最终他还被绑上了火刑柱。

其他被达尔文列出名字的科学家的境遇则稍好一点——当权者没有放逐或处死他们——但是他们的一生也绝对称不上顺风顺水。他们被斥为异教徒,受到监视和审查,甚至遭到殴打和死亡威胁。最亲近的家人也与他们断绝关系。这全都因为他们质疑《圣经》的教义[4],例如动物和人是在六天内被创造出来的;上帝是推动进化的唯一力量,以及人类是上帝的巅峰之作(仅次于天使)。质疑正

---

① 铁女架是一副女人形状的棺材,盖子内侧装有尖刺,用刑时将犯人塞入再合上盖子。——译者注

统观念使他们成为局外人，成为一种威胁，一个活该被折磨和处死的异教徒。

我用达尔文的前辈作为例子，是为了突出许许多多——当然他们算不上大多数——异见者、标新立异者、变革者、不服从者和局外人为进步而付出的代价。有些进步是偶然发生的，并且受到欢迎。但大部分都是因个人大胆地违背社会规范而促成的。起先是某个人注意到已有的正统思想多多少少是不合理的、僵化的，甚至是危险的，于是拥护与之抗衡的观点。[5]接着，多数派中有些成员决定公平对待新思想而不是嗤之以鼻。大多数情况下，提出异议能够推动进步，消除异己则可能减缓文化发展的速度。

达尔文的前辈们之所以重要，是因为他们启发我们思考这样一个问题：为什么达尔文成功了，而他们却失败了？诚然，达尔文也曾收到恐吓信，也被19世纪的匿名喷子斥为异教徒，但是他的思想后来为大部分人所接受。19世纪欧洲最伟大的科学家推选他为英国皇家学会（现存最古老的科学学术机构）的院士。他还因解释珊瑚形成的研究被授予皇家奖章。普通读者喜欢读达尔文写的冒险故事书，他还给那本书取了个有趣的名字《小猎犬号航海记》。在美国旅游频道和《国家地理》还没有诞生的时代，达尔文的书不仅激发了人们的想象，还丰富了人们茶余饭后闲聊的话题。如果那时公路旁竖有广告牌的话，上面肯定贴满了由他代言的运动鞋和巧克力奶广告。试想一下，几个世纪以来，世界各地有多少与达尔文志同道

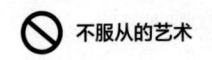

合的思想家，为什么唯独他的不服从如此有效呢？

要想全面回答这个问题，恐怕得写好几本书，需要对达尔文和他的前辈们进行广泛的历史分析。但是从社会心理学角度，我们可以提出几种有趣的可能性作为答案。几十年来，研究者探讨了大量主题——情绪、自我调节、创造力、说服力、少数派影响、群体间冲突、政治心理学和群体动力学——来揭示我们如何成功地提出分歧和异议。科学还帮助我们理解了为什么有的多数派成员会接受不同意见，从而提高了有价值但具有颠覆性的不服从思想生根发芽的可能性。

达尔文并不具备这些知识，但他凭借直觉采取了一系列成功的不服从策略。例如，正如我们所知，如果异见者仔细研究社会中普遍存在的偏见，相应地调整其言论和行为，就能大大提高说服他人的可能性。对达尔文而言，他明白提出生命另有起源而非上帝的灵光必将引起当时人们的反感。毕竟他的祖父伊拉斯谟斯·达尔文（Erasmus Darwin）的著作就因表达演化观点而被罗马教廷列为禁书。因此，为了不让自己受到精神伤害，年轻的达尔文在完成进化论初稿后等待了整整15年，直到另一本颇具争议的书《自然创造史的遗迹》（*Vestiges of the Natural History of Creation*）在世界上引起轰动后，他才相信社会做好了准备——或者说做好了它所能做的最充足的准备——来理解他那样颠覆性的思想。他的书终于出版了。"在我看来，"他写道，《自然创造史的遗迹》这本书

第一章　在图书馆里翻跟头的意义
用聪明的方式打破惯例，获取成功

"在消除偏见方面做出了巨大的贡献……为人们接受类似的观点奠定了基础"。

心理学家强调交流方式的重要性，认为有原则的不服从者应该采取避免引发听者抵触情绪的交流方式。达尔文就曾设法改进自己的论述。他的写作风格简单朴实，尽量避免运用专业术语，因此普通读者也能够轻松理解。他还擅长用类比做例证。[6]维多利亚时代的读者纷纷陶醉于他对"无毛犬"和"爪子上长羽毛的鸽子"的生动描绘。读达尔文的书让他们了解到蚁群中的"奴隶"和"主人"如何相处，小鸡失去对猫和狗的恐惧时会发生什么（场面可不好看），以及蜂群如何建造伟大的工程。除了给读者带来乐趣，达尔文还用"我们可以看到""我们能够理解"和"我们会发现"等措辞拉近与读者的距离，让他们成为参与者。他还通过提出"对这些现象我们能做何解释呢？"这样的问题来唤起读者的责任感。虽然比不上现在的交互式电子游戏，但是以当时的标准，这样的叙述可以说是引人入胜了。

通过对那些成功为人所接受的异议进行研究，研究者还发现盟友在非传统思想的传播中发挥着关键作用。在这方面，达尔文的表现也相当亮眼。《物种起源》出版前一年，达尔文收到了阿尔弗雷德·拉塞尔·华莱士（Alfred Russel Wallace）寄来的一份手稿，手稿中提纲挈领地介绍了一种可与进化论相竞争的理论。由于达尔文已经推迟了自己的出版计划，所以他担心华莱士将独自把发现进化理论的荣耀收入囊中。为了抢占先机,达尔文托朋友在不久后的一场公开会议上做陈述,展示了华莱士的手稿和盖有邮政日戳的信封,以表明自己更早得出结论。达尔文和华莱士都没有出席,但是达尔文的"四人军团",即同为科学家的查尔斯·莱尔(Charles Lyell)、约瑟夫·道尔顿·胡克(Joseph Dalton Hooker)、阿萨·格雷(Asa Gray)和托马斯·亨利·赫胥黎(后者自称"达尔文的斗犬"),以自己的信誉做担保,替达尔文据理力争。达尔文的演讲能力并不出众,但是他的朋友们能言善辩,为他赢得了专业人士和大众的信任。

达尔文运用多种具体策略,成功地把自己的理论推销给大众,从根本上改变了人们对人类起源的看法。达尔文的这几条策略,再加上后续研究,帮助了他更加灵活有效地说服其他人。我确信这一点,是因为10年来我一直在探索有新思想的人如何获得勇气表达自己。我曾独立进行研究,也曾与人合作或整合相关研究,设计出了一些实用的策略,用以捍卫在他人眼里稀奇古怪或有威胁性的观点。我把这些策略传授给企业高管、政府情报部门官员、全球金融领袖和其他世界各地的杰出人士。这些干预措施卓有成效,并且也得到了有关研究的科学论证。无论我们的目的是对传统智慧做出微小的改进,还是像达尔文那样发动认知革命,我们只要再多努力一点,就能有更大的概率让持反对意见的多数派成员克服心理阻碍,给变革一个机会。

第一章 在图书馆里翻跟头的意义
用聪明的方式打破惯例，获取成功

当然，颠覆性思想能否为人所接受不单单取决于它本身的价值。人类作为部落动物[7]，经常牺牲理性来巩固我们的集体归属感，无论我们是想要从属于某个政党、运动队、宗教、性别、种族群体、原籍国家，还是拥护某种音乐流派。部落思维促使我们对非正统的思想家施加"前所未见的惩罚"，尤其是当我们把他视为"他者"或外人时。为了创造条件让不服从行为获得成功，我和我的同事们基于研究提出了几条策略，帮助人们灵活面对不熟悉且可能令人不快的想法。这些策略能够提高人的包容心，促进文明对话，从而创造出一个新的环境，让不服从者在其中如鱼得水，也让多数派成员从不同意见中获取更多价值。

有原则的不服从者在当下的价值要大于以往任何时候。其中赫赫有名的几位包括冒着生命危险为巴基斯坦女性争取教育权的马拉拉·尤萨夫扎伊（Malala Yousafzai），帮助美国超过375名被误判的囚犯洗脱罪名的彼得·诺伊费尔德（Peter Neufeld）和巴里·谢克（Barry Scheck）。他们每个人都在大声疾呼，要求变革。在他们身后，还有无数默默无闻但同样在抗争的人。可惜的是，很多斗争没有获得成功，社会也并没有以合理的方式迎接他们的抗争。

2020年，互联网上流传着这样一张照片，一位老年妇女在集会上举牌抗议，牌子上写着"时至今日还要为这种烂事抗议，真是匪夷所思"。我们很多人对此都感同身受。但是，尽管变化发生得很缓慢,尽管这个世界有时看起来很黯淡,颠覆性思想并非命中注定被忽视、否定或禁止。如果学会更有效地回应不同意见,我们就可以克服恐惧和不信任,用更优秀的思想取代普遍为人所接受的观点,建设更好的团队、组织和社会。

如果达尔文那30位不幸的前辈在独自踏上探索之旅前阅读过《不服从的艺术》,情况可能会有所不同。我写这本书,是为了指导读者提高他们作为异见者、标新立异者和变革者获得成功的概率。[8]当然,我更习惯称他们为不服从者。我写这本书,也是为了帮助读者为其他不服从者创造成功的条件,无论是否同意其观点。虽然标新立异的想法有其重要性和合理性,但是不服从者也不能指望世界会自动敞开怀抱欢迎他们。如果你打定主意与"人"或"机器"对抗,那么必须做好长远打算,为自己装备上心理盔甲和武器,用以科学为依据的策略来捍卫你的思想。同时,你还必须让其他人也做好准备,更有效地接受新思想,而不是像他们惯常做的那样,弃之如敝屣。

《不服从的艺术》可以被看成一本写满了各类食谱的烹饪教材:有的教你从被人忽略的生活和工作资产中汲取利益;有的教你容许异议的存在,并且在异议出现时欣然接受它;有的教你如何有效表达不受欢迎但很重要的观点,以及如何更好地捍卫它;还有的教你如何应对作为不服从者与不服从者打交道时产生的不适感。在每一章的结尾处,我将提出一些核心建议,告诉你如何引入新事物，把变革纳入现行体制。在本书第一部分，我将向你解释为什么大多数人会抵制新思想，而社会又为什么迫切需要我们之中有人发出不服从的声音，以此让你做好反抗的准备。第二部分是本书的核心，将提供一些支持新思想的策略。通过阅读这一部分，你将学习如何在交流中让他人对你心悦诚服，如何吸引有价值的盟友，面对他人的反对时如何坚守本心，以及当你的观点被主流所接受时如何负起责任。本书第三部分提出了一些建议，其目的是构建一个对不服从思想更加包容的社会，这样的社会也更能充分利用新思想带来的机遇。我将在这一部分展示如何与不服从者建立良好关系，如何从团队中的不服从者身上汲取智慧，以及作为父母和教育工作者，如何培养下一代的不服从精神。不服从很重要。我希望帮助你从不同的角度看待这个世界，学会更谨慎地质疑他人，也学会在面对质疑时放下防备。

怀疑论者可能会指责我把不服从看得过于浪漫了。毕竟根据《剑桥词典》的定义，不服从意味着"拒绝服从地位比你高的人，或有权告诉你该怎么做的人"。其实这是很多人都会做的事，但有时他们的做法非但对社会没有好处，还有可能造成伤害。而原则性不服从是一种以推动社会进步为目标的不服从，它造成的附加伤害是极小的。有原则的不服从者为宝贵的重要思想提供了发展动力。在某些时刻，他们会有意识地走出舒适区，离开群体的庇护，不是为了他们自己（至少不全是），而是为了全人类的利益。我希望我

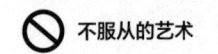

们之中有更多人能迈出这一步,也希望社会不再因此惩罚我们。

定义不服从

不服从也有好坏之分。在本书的写作过程中,我试图排除那些出于错误原因而不服从的人。他们或许是一时冲动,或许只是不愿意听从别人的安排,也或许只是渴望得到他人的关注。我希望把注意力投向那些善良正直的不服从者。"原则性不服从"是我为产生社会贡献的不服从取的名字,我们可以借助以下公式来理解:

$$原则性不服从 = \frac{偏离常规 \times (真诚 + 贡献)}{社会压力}$$

就算你不是数学迷,也不用担心。我们这就来拆解这个公式。偏离常规是定义原则性不服从时最重要的一个因素,因此我把它放在了乘数的位置。

要记住,我们这里讨论的是一种特殊的偏离常规,是有人有意为之的。成功的不服从与无知、胁迫、冲动或随机无关。如果你是因为无视当下的行为准则(无知)、被迫唱反调(胁迫)、禁不住唱反调的诱惑(冲动或缺乏自制力)或者根本不在乎自己每天做了什么,才表现出自己的与众不同,那实在没什么可骄傲的。

如果你自觉选择了不服从，那么你的动机就很重要。我把真诚纳入公式中，就是为了确保原则性不服从行为都是出于内心深处的信念，而不是肤浅的个人喜好。有原则的不服从者在行动时遵循本心。他们不会任他人予取予求，也不会拙劣地模仿前人。他们因自己的独特性和个体性获得安全感和力量。鉴于大众对虚伪的敏感程度，如果你想在对抗权威时为自己增加一丝胜算，那么最好保持真诚。

在公式中加入贡献这一因素，是为了确保有原则的不服从者把创造社会价值作为自己的一个目标。在我的构想中，原则性不服从是一种善意而关怀的举动。他们质疑权威不是出于蔑视（认为自己应该凌驾于社会规范之上）或恶意（无缘无故想要惹怒大众或少数掌权者），也不是为了一己私利（例如通过犯罪来获得经济利益）。他们质疑权威是为了以某种方式回报别人。贡献使原则性不服从区别于其他自私的、破坏性的、肤浅的不服从。它要求不服从者在质疑和攻击社会正统前，仔细考虑可能产生的危害。

贡献之所以重要，还在于它要求不服从者尊重他人，对不同意见持开放的态度。例如白人至上主义者绝对不属于贡献的范畴。诚然，他们也是不服从者，但是他们的思想被仇恨和偏执毒害了，历史证明他们的所作所为对社会毫无益处。你可能已经遇到过与你持不同政见或不同信仰但是很讲原则的人。从某种程度上来说，这些人是善良的，但是如果他们的观点走向偏激或思想

不服从的艺术

> 逐渐封闭,那么他们就不再是我所定义的有原则的不服从者。
>
> 最后,不要忘了我们这个公式中至关重要的分母——社会压力。没有风险,不服从就失去了意义。对原则最大的考验,就是看你在局势不利时还能否坚持原则。当你忍受痛苦,踏出背离群体庇护的第一步时,不服从就开始了。你要把查尔斯·达尔文的故事记在心里,永远不要低估把自己的思想展现给世人的危险。你可能会成为人们曲解、批评、蔑视甚至仇恨的对象——这正是我所定义的原则性不服从的后果。

不仅如此,我还希望社会能够鼓励和奖励原则性不服从行为,就像我的母亲和祖母为我做的那样。12岁时,我曾问我的拉比[①],为什么犹太人可以吃虾,而不能吃金枪鱼。博学的拉比拒绝回答,因为我的问题在他看来就是挑衅(犹太人的律法禁止犹太人吃虾)。我故意把虾和金枪鱼说反,为的是说明如果无论哪种食物都能被视为亵渎神明,那么这条规则就很荒谬。我的问题其实很合理,但是拉比并没有认真考虑。开车回家的路上,妈妈边目不转睛地盯着路面,边对我说:"继续质疑规则吧,直到得到正确答案。"

次年,妈妈就去世了。我的祖母成为我的监护人,她也是个鼓

[①] 拉比(Rabbi),犹太人中的一个特殊阶层,熟悉犹太教律法,是教师和智者的象征。——译者注

励反抗的人。作为最早在华尔街工作的女性之一，她告诉我，尽管权威人士有其智慧，但我们在判断他们时，要以其行为而非言辞为依据。在她看来，人们很容易向权威人士屈服，但我们应该赞美那些敢于对团队、组织和社会团体中的权威人士说"不"的人，我们还应该努力让自己身上闪耀这种勇气的光芒。

我以这本书向我的母亲和祖母致敬。我写这本书也是为了鼓励那些值得被倾听，但是却在苦苦挣扎，甚至处于放弃边缘的人。如果没有人以符合原则的方式偏离社会早已写好的脚本，人类生活不仅会没有那么公正、安全和繁荣，也会少了趣味和启发。坦白来说，这使得社会的持续进步岌岌可危，连我们的理智也会受到威胁。

开篇时，我讲了一位已故男性（达尔文）的故事，讲他如何打破固有认知并取得成功。现在，我要讲一位还在世的女性的故事。在我读大学一年级的一天晚上，我和几位朋友正坐在图书馆里学习。就在我努力集中注意力的时候，一位漂亮的金发姑娘出现了。但是她并非站在书架间悠闲地翻阅书籍，而是一连几个侧手翻朝我们直冲过来。她在离我们很近的地方停下，看着我的眼睛，然后把手伸向我，说："把你正在看的书给我。"我迷茫地把书递了过去。她随便翻开一页，在上面草草写了些什么。"读到这一章时，给我打电话。"我还没来得及回应，她又翻着跟头走了。

我惊呆了。在这个故事里，出现了一个很小的原则性不服从行为，这个女生打破了长期以来基于性别的约会规则。一方面，社会一直教导女性隐藏自己的欲望，压抑自己的感情，被动等待男人的接近。另一方面，社会鼓励男人自信地去寻找情投意合的伴侣。而这个女生不仅主动约我出去，还用了十分独特的方式。她掌控了那个图书馆里的学习空间，送给我一个让我至今仍在思考的故事。想象一下，如果由于现有的社会脚本太过压抑，像她这样的人都消失了，再也没有人以哪怕微弱的方式打破传统的想法和做法。如果没有这些大胆而富有想象力的灵魂，我们还能有多少机会体验诸如好奇、灵感乍现、敬畏、钦佩、振奋和欢欣之类的情感呢？

几周后，我给这个女生打了电话。我们见过一次面，但没有发展为恋爱关系。一年后，我转学到了另一所大学。迎新周期间，我又在校园里遇到了她——那个不可思议的会侧手翻的女生。我走过去，拍了拍她的肩膀，问她，如果她碰巧在图书馆学习，有个人在她旁边做体操运动，只是为了跟她说一声"给我打电话"，她会不会觉得奇怪。她笑着说了些什么，大概意思是"我想不出还有什么别的办法能约男生出去"。后来，她成为我的初恋，我们约会了一年多。

如果你有一个特别的想法，或者出于某种原因成为"局外人"，我建议你大声说出来，让别人听到你的想法。不要等，不需要当权者的批准，现在就做，留下属于你的印记，教育和启发其余人，改变世界，倾听其他想要发声的人。但是，看在老天的份上，学学达尔文吧,做得聪明一点。

核心建议

❶ 深思熟虑,严于律己。有名的不服从者,例如查尔斯·达尔文,采取具体策略把自己的理论推销给主流大众。你也做得到。

❷ 明确盲目性不服从和原则性不服从之间的区别。如果你的行为发自本心,真诚可靠,并且能为社会做贡献,那么你的不服从就具有原则基础。

❸ 不要以为不服从是理所当然的。原则性不服从对社会发展起着至关重要的作用。它也是使你和身边人的生活丰富多彩的一个重要因素。

第二章 我们为讨人喜欢而做的傻事

为了融入群体,我们备受煎熬

凡是喜欢到操场上打篮球的孩子都会告诉你,罚球有两种姿势:一种很简单,另一种不太简单。简单的那种是低手罚球。你站在罚球线外,身边没有人防守(其他球员都站着不动,等着你投篮)。你来回运几下球,然后两手抓住把它抛出去,让它飞进篮筐。这个动作看起来不酷,但极有效果。美国职业篮球联赛(NBA)史上最伟大的球员之一,篮球名人堂成员里克·巴里(Rick Barry),就是用这种姿势罚球的。10年NBA职业生涯中,他的罚球命中率高达90%。最后两个赛季里他总共得到322次罚球机会,只罚丢19次,命中率高达94.1%,令人瞠目结舌。而勒布朗·詹姆斯(LeBron James)用托举的姿势罚球,单在一个赛季就罚丢132次[1],命中率仅为73.1%,相比之下逊色不少。

托举的罚球姿势就是上述所说的不太简单的那种。罚球时,你抓起球举到与眼睛等高的位置,一只手托球,另一只手从上方稳住球。盯紧篮筐,然后托球的那只手腕部发力,送球飞进篮筐。两只手承受的重量不同,任务也不一样,但是相互协作。托球的那只手负责给球一个适当的推力,同时另一只手负责掌握球的方向。为了达到最佳的运动轨迹,篮球在离开手指时,应该呈45到52度的弧线向上飞。如果篮球向后旋转,那么它接触到篮筐时的速度和力量就会减弱,导致球从篮板上弹下来。我还可以继续说下去,但我相信画面感已经很足了。剥开罚球这层外衣,它就变成了一场令人头疼的物理实验。怪不得那么多出色的球员会在罚球上栽跟头。名人堂成员威尔特·张伯伦(Wilt Chamberlain)职业生涯中的罚球命中率只有51.1%。同为名人堂成员,沙奎尔·奥尼尔(Shaquile O'Neal)的命中率也仅为52.7%。

如果你以为很多职业球员和大学校队球员会追随里克·巴里的脚步,用低手罚球的姿势,那么你就错了。事实上,即使经过长时间练习,用托举的姿势罚球命中率仍然很低。但35年来,没有一支NBA球队向巴里讨教过罚球经验。在大学篮球比赛中,也仅有两名球员用低手的简单投篮方式,其中一个就是里克·巴里的儿子。因为篮球界称这种罚球姿势为"奶奶投",所以球员们都不好意思这么做。NBA前巨星沙奎尔·奥尼尔的罚球命中率不高[2],但他仍然表示自己"宁愿罚不中,也不用低手的姿势罚球。我的性格不允许我这么做"。另一位命中率非常低的球员安德烈·德拉蒙德(Andre Prummond)也拒绝用"奶奶投"的姿势。"我说得很清楚了,"他说,"我绝对不用低手的姿势罚球。"

值得注意的是,威尔特·张伯伦在1962年,也就是他职业生涯的第十个赛季中，曾经尝试用低手的姿势罚球。效果很惊人。那个赛季，他的场均得分达到了联赛最高的50.4分，罚球命中率也从38%提高到了61%，虽然不算出色，但也是巨大的进步。其中一场比赛他32次罚球，命中28次，拿下了不可思议的100分[3]，给球迷留下了难忘的回忆。但他后来没有坚持用这种简单的方式罚球，而是回归了托举的姿势。他的罚球命中率也再度下滑。为什么张伯伦会重新用效果比较差的方式呢？"用低手的姿势罚球让我觉得自己很蠢，像个懦夫。"他在自传中解释说，"我知道这么想是错的，也知道历史上很多优秀的球员都是这么罚球的。甚至现在NBA罚球命中率最高的里克·巴里用的也是这种方式，但我就是做不到。"

我们有必要好好考虑一下这个问题。职业篮球运动员拿着巨额报酬，他们的职责就是得分和赢球。但是张伯伦牺牲了比分，不惜让队友和球迷失望，只是为了让自己看起来不那么蠢。在他之后，还有许许多多的职业球员和大学校队球员都选择这么做。美国国家篮球协会球员的平均罚球命中率约为75%，大学球员的平均命中率约为69%，也还不错，但毕竟不如里克·巴里那么厉害。几十年来，这两项平均值也没有提高。这些球员可能的确很有篮球天赋，但是他们缺乏打破常规的勇气，很简单的原则性不服从行为也不敢尝试，哪怕这种行为能让他们的表现更加亮眼。

当然，我们也不必苛责篮球运动员。违背常规的勇敢行为在任何领域都非常少见。我们对一些伟大的不服从者的名字耳熟能详，例如纳尔逊·曼德拉（Nelson Mandela）、哈丽雅特·塔布曼（Harriet Tubman）、列奥纳多·达·芬奇、玛莎·葛兰姆（Martha Graham），不仅因为他们取得的卓越成就，更因为他们是同代人中极少数能够拒绝传统思维、追求进步的人。近几十年来，社会心理学家和其他学科的学者在研究中证实，我们内心存在着强大的服从倾向。有时为了讨人喜欢，我们会做出愚蠢的甚至有自毁倾向的行为。科学家们深入研究了推动这些行为的情绪动力。在讨论如何更有效地打破常规之前，我们必须更细致地理解为什么我们会缺乏打破常规的勇气，为什么让其他人随我们一起质疑过时的、不受欢迎的规范和惯例是一场艰难的斗争。

> **要点提示** 为了提高反对的效果，必须先了解我们的敌人，也就是推动我们融入群体、随大流、接受传统观念并且"委曲求全"的强烈动机。

"老一套"的吸引力

这个敌人或许比你想象中的更强大。事实上，就连你认为最不可能成为它手下败将的人，可能也已经被它俘虏，那就是你自己。在你看来，别人可能对广为接受的信仰和惯例趋之若鹜，但你肯定不会。你博览群书，你提出批评和质疑，你擅长分析，你不惧怕挑战,你勇于承担风险,你的思维方式和别人截然不同。

曾经我也这么以为,直到我偶然看到了阿肯色大学的斯科特·埃德尔曼(Scott Eidelman)和堪萨斯大学的克里斯·克兰德尔(Chris Crandall)所做的研究。这两位学者主要研究人们如何确定某种思想或惯例所蕴含的价值。在其中一项研究中,他们把参与者分成4个小组,分别告诉每个小组针灸存在的历史为250年、500年、1000年和2000年。结果显示,参与者被告知的历史越长,就越相信针灸是"一门很好的医术",并且"应该用于缓解疼痛和治愈疾病"。参与者以为自己对针灸的益处进行了理性分析。但事实上,他们主要是因为针灸历史久远且被广泛接受才做出了这样的判断。如果参与者仅被告知针灸由来已久,但是不知道它是否有效,其吸引力会增长18%。有时我们自以为很擅长批判性思考,但事实是,人类普遍更喜欢根深蒂固的现状。

在另一项研究中,研究人员分别告诉两组参与者某幅画创作于一个世纪前和5年前。结果显示,认为画有100年历史的参与者对画的评价更高,也更欣赏这幅画。还有一项研究表明,对于同一种审讯手段,如果参与调查的人被告知它是存在了40年之久的例行手段,而非近来才发明的,他们就更有可能支持对犯罪嫌疑人使用这种手段。

当我们对情况感到不满意时,我们会自行把现状合理化,这就是所谓的"心理真实"(psychological realness)。例如,从候选人赢得总统选举那一刻到他出席就职典礼那天，选民心理上会发生一种奇怪的转变。不列颠哥伦比亚大学的克里斯汀·劳林（Kristin Laurin）博士在一项出色的纵向研究中发现，就连不喜欢也没有给这位总统投票的选民，对他的态度也会在他就职后变得越来越积极。"心理真实"的力量超越了选举结果。这件事想来也有些奇怪，劳林博士表示"正是这种真实感——认识到某件事已成为他们生活的一部分——促使人们将现实合理化"。"心理真实"的感觉和现状造成的不可避免的后果迫使我们放弃抵抗，转向新的应对方式：服从、合理化和合法化。

> **要点提示** 人们会盲目认可根深蒂固的制度。下次你想说服别人接受一个想法或方法时，不妨强调一下它悠久的历史。

为什么大多数人不发动变革

对传统智慧和习惯有所偏爱其实无伤大雅，尤其是和我们的生活没有太多直接联系的事物。但是我们内心的服从性是如此强大，以至于推动我们接受那些确实对我们有影响，甚至在压迫我们的制度。也就是说，即使我们所处的制度不那么合理，我们也会支持它。心理学这门学科自诞生以来，就一直致力于解释这种倾向存的原因。纽约大学的约翰·约斯特（John Jost）教授和哈佛大学的马扎林·巴纳吉（Mahzarin Banaji）教授率先提出了制度正当化理论。据他们观察，当人们被所处的制度漠视或压迫时，内心会产生冲动。人们会千方百计地合理化并且保护伤害他们的社会制度。在同一制度中，弱势群体通常和享有特权的人一样（甚至更努力地）肯定这一制度的有效性。

正如诺丁汉大学的楚马·奥瓦马拉姆（Chuma Owuamalam）博士所说，拒绝一整个制度是件大事，哪怕对其中地位最低的人来说，这一步也过于冒险了。"面对一种社会制度，要么接受，要么拒绝。"楚马·奥瓦马拉姆写道，"在大多数情况下，人们认为这种拒绝不现实，因为它意味着变革和混乱，比起接受引起的不和谐，拒绝可能会导致更严重的不确定性和威胁。因此，除非走投无路，拥有群体身份并且依赖群体利益的人绝不会拒绝现有制度，走向变革。"那些被现有制度伤害，却还在维护他的人，其实是想要相信他们处在一个让他们感到安全、有保障、有尊严的制度下。对制度的强烈依赖导致社会中的少数群体倾向于维护现状，接受那些压迫甚至伤害他们的准则、规范和规则。

20多年来，大量心理学研究证实了制度正当化理论，解释了我们为什么倾向于支持和拥护压迫我们的制度。事实证明，即使有更好的选择存在，仍然有大量理性和非理性冲动促使我们继续忠于长期存在的标准和惯例。言贵简洁，因此，我从文献中梳理出了几条经常促使我们服从的关键机制。

> **要点提示** 促使我们自愿服从的是以下四个心理"助推器"。

1. 我们熟悉现状，这让我们心安

我们都希望把生活掌握在自己手里。我们想要掌控感，想要自行决定自己的行为，不想做被外界力量推来搡去的无名小卒。但是，自然灾害和其他危机让我们被迫承认自己生活在一个不可预测的、不稳定的世界。即使在"正常"生活中，也存在许多不受我们控制的因素。例如，在拥挤的航班上，当你旁边的乘客吃着难闻的生洋葱花生酱三明治并突然开始剧烈咳嗽时，你只能忍受。不可控的大自然、不遵守交通规则的司机、总是惹麻烦的邻居、你从前犯的错以及过去发生的所有事情，都不在你的控制范围。

失去控制感以后，我们往往会向生活中熟悉的人和事寻求安慰，因为他们给予我们一种稳定感和安全感。因此，即使受到了压迫，我们也很少会抵触现行制度。在一项研究中，研究人员设置了一个对照实验，要求实验组参与者回忆一件不受自己控制的事，从而让他们暂时感觉丧失了控制力。对照组参与者则被要求想象未来一件不受控制的事，他们的控制感同样也被暂时剥夺。接着，研究人员评估了所有参与者的意愿，看他们是愿意为当前社会及其成就

辩护,还是愿意指出当前社会存在缺陷且亟待改革。与对照组相比,实验组中暂时失去个人控制感的参与者更愿意维护当前社会及其成就。研究人员指出,实验组的维护意愿比对照组高出20%。

在追求合理制度的过程中,我们宁愿被伤害,也不愿陷入不确定性的泥沼。当我们感到无能为力时,我们不仅自己支持制定法律和规则的人,还会努力加入支持者群体,不与批评者为伍。我们努力坚定自己的基本信念,即世界正朝着好的方向发展。因此我们不需要消灭权威,也不需要挑战现行制度。

2. 制度受到威胁时,我们挺身而出

2001年9月10日,美国民众对乔治·沃克·布什总统的工作满意度仅为51%,38%的受访者表示不赞成他的工作方式。随着"9·11"事件的发生,短短两周后,美国民众对小布什工作的支持率迅速上升至90%,达到了盖洛普公司自20世纪30年代记录该项数据以来的最高值。一直到两年后,一度居高不下的支持率才跌回原有水平。这说明不仅保守派进一步提高了对保守派总统小布什的支持,自由派也认可了与自己价值观相悖的政策。

当我们赖以生存的群体受到威胁时,我们的防御本能往往会被激发出来。我们的第一反应就是保护我们在乎的东西,尤其当攻击者是个外人时。没有什么比一个共同的宿敌更能有效地将人们凝聚在一起。我们敌视外来者,我们和群体其他成员遭遇了同一种不

安，因此纷纷支持制度内的当权者。危难来临时，我们坚定地团结在制度之下进行反击，觉得自己在从事一项有价值的事业。我们开启了"骄傲的防御者"模式。要么接受，要么离开。

官方机构和组织经常刻意与占主导地位的强大信仰体系建立象征性联系，以此作为维持自身合法性的一种手段。他们心知肚明，被爱国热情冲昏头脑的人很容易忘记他们为之辩护的制度正是压迫和伤害他们的制度。制度受到威胁时，我们基于身份认同会为它挺身而出，这就解释了为什么人类喜欢维持现状，甚至保护那些危及我们自身幸福的组织。

3. 我们对现状有所依赖

我们团结在现状背后，是因为我们所在的群体能够满足我们的基本需求，让我们感到被理解、被认可，也让我们感到自己是有能力的。因为我们认同这个群体，所以我们不必再一直关注自己：了解群体内上层成员的喜好，就可以帮助我们快速决定穿什么样的衣服，听哪种音乐，持有什么信仰，支持哪些政治家，等等。归属感给予我们慰藉，因为我们知道，当我们需要时，我们的同伴会偏向我们而排斥外来者。

研究发现，为了感觉自己和权威人士有所关联，人们愿意付出高昂的物质代价。如果对国家及其力量有强烈的认同感，那么即使自身贫穷，缺乏教育，甚至住在犯罪猖獗的社区，人们也会投票支持有损自己利益的政策，他们把国家当成了自己身份认同的直接延伸，因此愿意放弃个人利益。因为他们对国家的依恋已经从另一个角度满足了他们，为他们提供了安稳感、安全感、归属感以及一种稳定的意义感。你提醒自己，这是属于你的国家，现在的日子已经比生活在其他国家要好得多。如果按预期发展，现在的这个制度将是人们能想象到的最好的制度，那么你当然可以暂时容忍其不好的那部分，将它视为制度中必然存在的阴暗面。

上述内容并不意味着被压迫的人心甘情愿成为制度的一分子。他们当然不情愿。对女性而言，她们其实也很难接受商业领域的现状至今仍然是高层职位被男性垄断，男性在领导继任计划中也占据优势。但是，尽管存在这些不公平现象，但追求理想的世界更可能会遭遇失败，与其让这种追求把当下的生活变得更加复杂，还不如选择接受现实，尽力而为。

当人们被迫处于某种社会制度中无法脱离时，常常都会对其表达感激和喜爱，保护自己现有的利益而忘掉痛苦。在加拿大的一项研究中，研究人员告诉参与者，政府正在收紧移民政策，因此他们以后不能再出国了。在他们对这一政策确信无疑后，研究人员让他们重新思考加拿大地方性的性别歧视问题。这些参与者最终把性别歧视归因于男性和女性之间的生理差别，而不是一种制度问题。意识到不能离开加拿大后，对于同一种不公平现象，他们的态度从批评转向了试图将其合理化。另一项研究也得出了相似的结论。在该研究中，研究人员告诉一部分受访的大学生他们很难再有机会转到别的学校。然后，当参与者遇到一个对学校管理提出批评和建议的学生组织时，相信自己不能转学的学生兴致索然，也不太愿意提供帮助；相信自己随时能转学的学生则对该组织表现出强烈的支持。

限制人们的行动并不会促使人们更深刻地反思压迫他们的权威和制度。恰恰相反，他们会自发拥护生活中掌握权力的高层决策者，维护他们的合法性。更糟糕的是，那些不愿意承认现行制度存在问题的人还会敌视站出来批判制度的人。当我们认为现有的社会制度存在问题而且不会改变，我们又恰好处于等级中较低的位置，没有什么权力和影响力时，我们就会对现状产生偏好。可笑的是，我们总是支持那些延续当前不平等状况的政策，无论我们面对的是社会中人们经济地位不平等这种大事，还是无法从失败的友情或爱情中脱身这种小事。

4. 我们相信未来的日子会更好

希望就是力量。一个屡次在课堂上遭到歧视的保守派学生会选择在下个学期继续申请入学，只要他看到了进步的迹象，例如保守派俱乐部的成立，或者校报发表声明，宣称将公平报道自由派和保守派的观点。派驻海外的下级士兵如果知道战争总有一天会结束，就会避免在道德上质疑上级的命令。如果我们相信困境是暂时的，当下的不利正逐渐消失，我们就可以忍受糟糕的制度，等

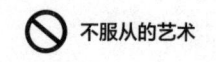

待时机到来。

满怀希望时,我们不仅能够忍受现行的制度,还会接受它,捍卫它,使其合理化,并且保护它不受侵犯。相关实验也得出了类似的结论。大学生在得知自己学校的声誉受到严重影响后,不会选择转学,也不会写专栏文章抨击学校。只要他们坚信学校的声誉以后会恢复,自己的学位价值不受影响,他们就会对学校保持高度的信任和热爱。

仔细一想,能够坚定走好脚下的路,同时对未来怀有美好的希望,其实是一种可贵的品质。受到制度压迫但仍满怀希望去维护制度的人拥有真正的毅力,而毅力比好奇心和高智商更能准确预测一个人能否在教育、经济和事业上取得成功。但是,也不要过度赞美我们对伤害我们的制度的忍耐力。

告诉我,以下七条描述哪些最适合你?

(1)我一直觉得我能把生活变成我想要的样子。

(2)我一旦决定去做某件事情,就不达目的誓不罢休。

(3)事情发展不如意时,我会加倍努力。

(4)我会想方设法完成我需要做的事,即使过程很艰难。

(5)即使困难重重,我也不曾放弃目标。

(6)我不会让个人情绪妨碍工作。

(7)辛勤工作使我在生活中获得成功。

你可能会因为自己符合上述描述而沾沾自喜,认为自己是个有毅力的人。但事实上，这几条描述的核心并非毅力，而是一种"约翰·亨利效应"（John Henryism）。约翰·亨利效应是谢尔曼·詹姆斯（Sherman James）博士提出的一个概念，用以描述处于劣势地位的少数群体的一种心理倾向，即他们为了获得短期成功会过分努力工作，不顾因此造成的长期健康问题。传说中，约翰·亨利曾是方圆百里最强壮的人。在一次开凿隧道时，他奋力和一台自动气钻机比赛，奇迹般获得了成功，但最终力竭身亡。约翰·亨利展现了超乎常人的专注。他以坚定的毅力和不屈的活力，突破心理和身体极限，完成了自己的短期目标。同时，他的故事也启示我们，当你身处一个不健全的制度中时，你在为了获得社会认可和成功而尽力工作的同时，也会付出相应的代价。

研究人员对3126名20多岁的年轻人进行了长达25年的跟踪调查。他们发现，同约翰·亨利一样，表现出惊人毅力的人身体健康状况比较差。例如，血压更高，患心血管疾病的风险也更高。25年后，他们的身体仍然备受折磨。例如神经反应速度缓慢，记忆衰退，执行功能低下（注意力不集中，缺乏计划性和思维灵活性）。这种因在困境中拼命坚持而产生的身体和心理伤害在弱势群体中更加常见。他们被告知只要埋头苦干，未来一定会收到回报。诚然，"希望"自有其好处。但是我们也不要忘了，在我们相信压迫总有一天会消失，未来一定会更美好的同时，我们可能也会付出一定的代价。

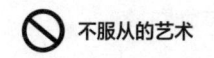

敞开心扉，拥抱改变

本书明明是一本礼赞不服从的书，却花大量篇幅向读者解释为什么受压迫者会自愿服从不公平的、有缺陷的制度，这似乎有些奇怪。我是在责怪受害者不够理智吗？当然不是！我只是试图详述其心理现实。作为弱势群体的一员，如果你在心理上感到无助，那么维护压迫性的社会安排就是有道理的。当危险近在眼前，当你发现逃离群体不切实际，当你相信别人承诺的美好未来时，你就很难去为理想的未来而奋斗。正如我们所见，面对不确定性，我们所有人都倾向于依赖传统智慧。

> **要点提示**
>
> 服从于根深蒂固、广为接受的惯例或信仰是人类的天性。我们中潜在的不服从者必须承认这一现实，才能与之对抗，最终战胜它。其余人也必须承认这一点，只有这样，我们才能克服内心对变化的抵触，支持进步。

无论是独树一帜，提出异议，还是背离传统的思维方式，都需要勇气。当成为别人敌视和排斥的对象时，融入群体给了我们一个在焦虑中喘息的机会。当你遭到制度的区别对待时，你想要的也许只是一个逃避现实的机会。但是，对制度忠心耿耿未必有好结果，因为它会通过消弭差别来牺牲你的长期幸福。

让我们更加警惕自己盲目的服从倾向，敞开心扉，期待变革的出现。本书不仅为我们之中的不服从者——那些找到了值得为之奋斗的使命的人——提供心理建议，也写给那些不太可能会反抗，但是仍然在追求美好生活的人。我们将看到，不服从者可以通过自己的行为变化鼓励更多人加入自己的阵营。我们其余人也可以采取策略，从不服从者身上和他们勇敢的行为中获得启迪。但是到达这一步之前，我们必须做好充足的准备。也就是说，我们必须承认我们为讨人喜欢而做的傻事，也必须理解推动和影响我们行为的关键心理机制。接下来，让我们把目光转向原则性不服从的必要性，讨论不服从的原因。

核心建议

❶ 指明不作为的代价。成年人即使不喜欢家里的肥皂、酸奶和有线电视供应商，也很少会更换其他品牌。无党派选民在选举中通常会把票投给现任领导人。面对不喜欢的商品、服务和决定，不作为让我们的生活被负面事件主宰，浪费了更合理、更有意义的选项。下次当你试图说服别人接受你的想法或方法时，记得提醒他们，面对问题却无所作为将破坏他们自己的幸福。

❷ 牢记本章介绍的四个心理"助推器"。了解促使我们自

愿服从的心理机制，能够帮助我们抵御想要服从的欲望。面对现实中的弊病，促使我们服从并将其合法化的是四个因素：个体缺乏控制力、制度受到质疑、个体对制度的依赖和个体怀有向上层社会流动的希望。

❸ 承认你对现状的偏好。服从于根深蒂固、广为接受的惯例或信仰是人类的天性。我们中潜在的不服从者必须承认这一现实，才能与之对抗，最终战胜它。

第三章
不服从者推动变革
为什么说原则性不服从如此重要

CHAPTER 3

在美国历史上，种族隔离制度一直是南方的问题，北方人则是为自由和平等而战的正义之士。这是人们普遍接受的观点，但是这种观点真的正确吗？一位名叫伊丽莎白·詹宁斯（Elizabeth Jennings）的年轻教师的亲身经历表明并非如此。她用自己勇敢的行为和身上的伤痕证明了种族隔离制度也是北方存在的问题。她收到的225美元赔偿也是证据。

那一天是1854年7月16日，地点在纽约市。詹宁斯正要赶去教堂演奏管风琴。因为路途较远，所以她准备乘坐新型环保交通工具——马拉有轨车。她一上车，售票员就提醒她三件事：①她是个黑人；②根据纽约的交通政策，任何仇恨黑人的白人乘客都有权要求把黑人赶下车；③如果车上有白人提出要求，售票员会执行第二条。詹宁斯没有受到尊重，遑论礼遇，迎接她的只有售票员的呵斥：如果这里有任何人反对你的存在，那么你就可以滚下车走着去了。

詹宁斯本可以点头坐下[1]，熬过这段车程，但是她没有选择息事宁人。她受够了别人因为她的肤色而对她颐指气使，告诉她什么该做，什么不该做。她反驳售票员道："我是一个体面人，在纽约出生长大，以前去教堂的路上从没有受过这样的侮辱。"在她看来，是非对错是很明显的，"而你在别人去教堂的路上侮辱别人，真是个粗鲁无礼的家伙。"

售票员还没见过哪个黑人敢这样反驳他，因为当时他们遇事一般都会选择忍气吞声。他一把抓住詹宁斯，连同附近的一名警察一起，把詹宁斯从车上拖到了路上。他们想把她从站台的台阶上拽下来，但是她奋力挣扎，结果不仅弄脏了她的衣服，还在她身上留下了伤口和淤青。其他警察赶到时不仅没有帮她，反而将她逮捕。

詹宁斯出庭时，唯一愿意替她辩护的是一位21岁的白人律师，名叫切斯特·阿瑟（Chester Arthur，也就是后来美国的第21任总统）。在一位专家看来，切斯特蓄着"所有总统里最浓密也最引人注目的胡子"。切斯特圆满完成了自己的使命。詹宁斯不仅没有交一分钱的罚款，没有坐一天的牢，她还把交通部门告上了法庭。按照法院的判决，詹宁斯获得了225美元的赔偿——这在当时可是一笔巨款，约等于一个公务员一年的收入。但事情到此并没有结束。随着这件事被广泛地报道，纽约当地的黑人深感愤怒。越来越多的人站出来指责交通部门的种族主义政策。次年，在又一起案件的压力下，交通部门制定了一项中立的政策，给予黑人公平乘坐公共交通工具和选择座位的权利。

第三章 不服从者推动变革 为什么说原则性不服从如此重要

詹宁斯没有被印在美国的邮票上,也没有被写入历史教科书,小学生不会在学校听到老师讲她的故事。但是,遗忘像她这般的不服从行为将造成严重的后果。社会需要不服从者,我们的组织和团队同样需要。正是因为有不服从者的存在,我们才有了前进的动力,即使我们不同意他们的观点,即使他们提出的方案是错的。但为原则性不服从创造空间,就是让一种向上的动力生根发芽,它确保一切都处于"未完成"状态,促使我们为了进步而不懈奋斗。原则性不服从能让个人变得更加理性,也能提高团队的创造力和生产力。

然而,这并不意味着我们之中很容易出现有原则的不服从者。恰恰相反。正如比尔·克林顿(Bill Clinton)在2016年所说:"美国走过了漫长的道路。我们不再像过去那样坚定支持种族主义和性别歧视,也不像以前那么反对特定的宗教。但是我们仍然保留着一种偏执:我们不愿和任何与我们意见相左的人为伍。"观众听了他的话都笑了。但这其实是个严肃的问题。如今,人们仍然在和不公正做斗争,我们的生存面临着更多的挑战,我们想要生存,就必须加快脚步。换句话说,要去寻找勇敢的灵魂——像伊丽莎白·詹宁斯一般的无名英雄——来指出我们的问题,提供他们的正确思路,并且召集其他人做同样的事。

> **要点提示** 为了培育勇者,我们不仅要容许与我们意见相左的人存在,还要欢迎他们,鼓励他们。

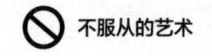

提出异议等于进步

在某些情景中，原则性不服从的作用十分明显，比如当不服从者试图推翻不公正的制度时。但是，当不服从者以其精神力量推动社会取得渐进式发展，使日常生活逐渐变得更高效、更高产、更繁荣、更安全，或者说更好的时候，这个过程是不那么显而易见的。

我不想给大家泼冷水，但是我们的确迫切需要更多进步。尽管现在我们有了《辛普森一家》这样的动画片，能买到自洁鱼缸，还能三维（3D）打印可以正常使用的原声吉他，但是日常生活中其他一些重要方面仍然不尽如人意。有些尽管近来取得了一些改善但是仍然特别糟糕，有些只是一般糟糕但是仍有进步空间。今天的医生也许不会在人的头骨上钻孔，也不再使用含汞和砷的有毒药剂治疗病人，但是美国每年仍然有至少44000名病人死于本可避免的医疗失误。自地心说诞生以来，天文学取得了长足的进步，但是直到2019年，科学家才发现人们对宇宙年龄的估计可能有误，且误差超过了10亿年。在伊丽莎白·詹宁斯所处的时代，黑人几乎不能接受教育，年龄在5至19岁的白人也只有约半数可以上学。如今美国的教育体系要完善得多，但是2019年的一项调查显示，22%的美国公民说不出美国联邦政府任何一个分支部门（立法部门、行政部门、司法部门）的名字，只有39%的人能把三个部门全部说对。更不必说学校每节体育课只给学生16分钟的活动时间，每次"做几个开合跳，然后打一场敷衍的垒球比赛"就结束了。960秒的身体活动能让孩子们得到充分的锻炼吗？醒醒吧，各位！

无论是在上述这些领域还是其他领域，改善现状的方法就是积极招募伊丽莎白·詹宁斯这样的人。你也许想象不到，但是多样化的观点确实常常会孕育出令人耳目一新的想法和高度可行的解决方案。

在讨论如何预防或阻止大规模校园枪击案件时，美国人支持的一个方案是允许教师和其他员工携带武器。这样一来，当持枪者闯进教室时，老师就可以及时反击，不必等待执法人员的到来。

2013年，戒备森严的华盛顿海军工厂大楼遭遇袭击，造成12人死亡，8人受伤。联邦执法培训中心随即召集了一个专家小组，听取他们的意见。该小组的目标是制定一个阻止类似悲剧再度发生的方案，更重要的是，保证未来枪袭案件中死亡人数降至一或最少。培训中心没有像以往那样邀请政府官员组成专家小组，而是邀请了一群"局外人"，其中包括一名法医心理学家、一名精神病学家、一名外科医生、一名建筑师、一名海豹突击队队员，以及参与过大规模枪击事件救援的一线急救人员。

这位法医心理学家提出了一个很新颖但似乎有点奇怪的想法，即训练学生在事件发生时直接逃往女厕所。"持枪者几乎全是男性，"他说，"如果你看过现场录像，就会发现他们总是略过女厕所。"海豹突击队队员提出了完全不同的想法。他在描述自己遇到枪击事件的处理方式时说："我会拿起灭火器。"专家小组的其他成员猜测他会建议用灭火器击打持枪者的头部，将他打晕，但是不对。他继续说："我会朝持枪者喷射，制造烟雾，而且灭火剂中的化学物质会消耗空气中的氧气，导致持枪者缺氧，更容易被制服。"他们的想法简单而实用，令人拍案叫绝。提出这些想法所需的跳跃性思维只有不服从者才能拥有，也就是上述情况中的"局外人"。

诚然，这些策略不一定奏效。但是让教师配枪也不是什么好主意。当研究者向15000名执法人员询问枪击案件的解决方法时，其中86%的人表示允许公民合法持有枪支可以降低伤亡率。但事实上，就连训练有素的纽约市警察在枪战中也只有18%的命中率。在只有警察开枪的情况下，他们仍有70%的可能打不中目标。每一发射出的子弹都有可能误杀或误伤一个无辜的人。教师的本职是教学，难道我们不应该让讲解诗词的教师专注于韵律和格律吗？

在上述例子和无数其他情况中，传统智慧都存在缺陷。改进空间是明确存在的。也许逃往女厕所和使用灭火器确实比让教师上演现实版的《使命召唤》有用，也许并没有多大用处。但有一点是明确的：鼓励不服从也许会让我们找到其他有用的解决办法，而这些办法是从前没有人想过，或者没有人有胆量提出的。

有证据表明，当团队成员的原则性不服从行为受到鼓励时，团队的整体表现会随之改善。2012年，谷歌启动了亚里士多德计划（Project Aristotle），并且进行了广泛宣传。这项研究计划的目的是确定最佳执行团队所独具的特征。作为一家经常在投票中当选理想工作场所的企业，谷歌想知道为什么只有少数团队能实现自己的承诺，并且在工作质量方面超过任何个人。两年后，研究人员得到了答案：心理安全感。杰出团队营造出的氛围会鼓励每一位成员积极参与，并且不必担心被嘲笑或责难，也不必担心他们的知识成果被窃取，对其职业生涯造成打击，等等。媒体喜欢这个结论。《纽约时报》发表了题为《谷歌从打造完美团队的探索中学到了什么》的头版文章。截至2019年6月，已有10600篇文章和视频报道了亚里士多德计划的研究成果。各个组织和机构也纷纷开展"安全工作场所"改革，希望借此提高员工的工作动力、学习能力、绩效和创新能力。

遗憾的是，谷歌的研究并不全面。亚里士多德计划结束一年后，两位心理学家仔细分析了51项关于心理安全感对团队表现的影响的研究，他们的结论是：心理安全感并不完全决定团队的表现。为提高心理安全感而在人员招聘和培训上投入大量资金的团队有些表现出色，有些则劳而无功。决定心理安全感是否发挥作用的是另一个因素——原则性不服从。团队成员希望在心理上感到安全，但是正如研究表明，只有当少数派的观点充分存在，并且团队允许和欢迎它的出现时，心理安全感才能有效转化为出色的表现。也许你自己对少数派提出异议没有意见，但这并不能保证他们的观点也能打动团队其他成员。正如组织管理心理学家凯瑟琳·克莱因（Katherine Klein）和大卫·哈里森（David Harrison）强调的那样："团队成员之间相互改进解决方案，这还不够，他/她还必须赢得所有人的认可，把改进后的方案作为团队下一步行动的最佳指南。"事实是，太多人没能成功利用原则性不服从，团队需要心理安全感，更需要能够孕育建设性异议的环境。只有这样，团队成员才能持续对多样化思维保持包容心态，做出更明智的高质量决策，培育创新精神。

既然原则性不服从如此重要，那么它是如何发挥作用的呢？以下是心理学家提出的三种最好的解释：

原因一：原则性不服从能够抵消我们的认知偏差

尽管人类自认为非常聪明，但是理性判断对我们而言仍旧很难。一旦遇到对我们深信不疑的观点造成威胁的信息，我们就会自动做出防御反应，拒绝接受与我们世界观相冲突的观点。造成这种情况的一个重要原因是认知偏差。智人的脑容量虽大，但是大脑的处理能力有限。在特定时间内，我们只能对有限的刺激做出反应。因此，在这个充斥着无数信息的世界里，我们的大脑会走认知捷径，导致我们产生许多偏见。

同时，我们还更喜欢体验某些情绪和持有某种看法，而回避其他的情绪或看法。我们希望自己是正确的一方。我们想要受人欢迎。我们努力使自己的身份得到认可。我们会因外界对自己的评价而关注某些人、物、团队和想法。我们会竭力捍卫自己在乎的东西，与反对者据理力争。正因如此，我们对现实的理解才产生了不可避免的偏差和扭曲。

迄今为止，心理学家已经确定了近百种认知偏差的存在，大致可分为三类。第一类产生于我们对群体归属感的渴望。我们太爱被群体包围的感觉了。根据从漫长进化中总结出的经验，我们的大脑警告我们，面对陌生人时，宁愿错过一个善良无私又富有同情心的人，也不要冒险接触一个可能造成威胁的人。因此，我们会向自己所属的各个群体表示忠诚，包括基于种族、性别、国籍、社会地位和政治信仰所划分的群体，甚至是素食主义者群体。我们会给予群体内成员优待，以不同的道德标准来要求他们，与他们产生更多的互动，也更赞成他们的想法和建议。最重要的是，我们会把陌生的观点和提出它们的陌生人画上等号，因而抗拒改变我们自己的想法。

第二类认知偏差与科学家所说的"动机性推理"（motivated reasoning）有关。这是一个专业术语，意思是我们倾向于以我们希望得出的结论为前提来解读证据，而不是采取完全客观的方式。对于印证我们想法的信息，我们乐于接受，对于与我们看法相悖的信息，我们大概率会拒绝。因此，我们往往只和志趣相投的人交往，远离观念不合的人。我们认为只有自己的观点才是公平和真理的化身，但这其实是自我欺骗。这种自我欺骗式的信息获取和处理方式会导致我们难以识别和接受那些能更好地为我们服务的想法。

第三类认知偏差则与科学家所说的"动机性确定"（motivated certainty）有关。正如政治心理学家科里·克拉克（Cory Clark）和博·维恩加德（Bo Winegard）所说，"动机性推理关注的是偏见的实质，而动机性确定指的是产生偏见的动力"。简单来说，人们往往会对自己的立场过于自信，从而忽略了坚持这种立场要付出的代价。我们把自己看得太过聪明，或者说太过正确。例如，我们可能会认为外来移民有权自由跨越国界、自由选择居住地，认为任何人都可以在任何时间以任何原因决定自己的性别，或者认为遗传学无法解释男女之间的差异。在一个理想化的世界，坚持这样的想法不需要付出任何代价。但是在现实世界，我们必须为坚持和实施自己的想法投入金钱和注意力，投入越多，我们肯定自身想法的动力就越强。诡异的是，随着动力增强，我们对自身的想法愈发自信，但不确定性也在同步提高。结果就是，我们在不知不觉中丧失了对现实的把握。

十种扰乱我们思维的认知偏差

1. 确认偏差（Confirmation bias）：我们倾向于相信与我们现有观念相吻合的信息。

2. 熟悉度偏差（Familiarity bias）：我们对已知的人或事更有好感。

3. 朴素实在论（Naive realism）：我们认为自己对现实的感知是客观的，反对我们的都是无知、非理性或存在偏见的人。

4. 知识幻觉（Illusion of knowledge）：我们误以为自己了解别人的想法。

5. 基本归因错误（Fundamental attribution error）：我们把他人的错误归因于人格缺陷，但是当我们自己犯错时，我们会简单地归因于情况不利或运气不好。

6. 自洽性偏差（Self-consistency bias）：我们常常以为自己的态度、观点和行为处于稳定状态，但事实上它们是变化的。

7. 投射偏差（Projection bias）：我们往往会高估其他人对我们的喜好、观点和行为的认同。

8. 权威偏见（Authority bias）：当一个想法由某个权威人士提出时，我们更容易接受它。

9. 刻板印象偏见（Stereotyping bias）：当我们观察到群体中某个成员表现出某种倾向时，我们会认为该群体部分或全部成员都有这种倾向。

10. 偏见盲点（Bias blind spot）：即使我们连自身的偏见都发现不了，我们仍认为自己可以轻易找出他人的认知偏差。

既然认知偏差无处不在,扭曲甚至禁锢了我们的思维,那么我们是不是基本上只能认命当个蠢人了?其实不然。我们之中存在着许多打破偏见的英雄人物,也就是所谓的不服从者。一旦有像伊丽莎白·詹宁斯这样的人出现,不怕把自己与众不同的思维方式暴露出来,我们就更有可能意识到自身的认知偏差,进而矫正它。我们将怀着更多的好奇心探索世界,而不是停留在一个缺乏智力挑战的时空。

斯蒂芬·舒尔茨-哈特(Stefan Schulz-Hardt)博士曾在实验中以一群德国企业管理者为研究对象,探索消除其认知偏差的最佳方式。舒尔茨-哈特将重点放在了确认偏差(定义见上文)上。他把研究对象分成不同的小组,让他们在两个国家中选择一个进行投资。为了做出更好的选择,他们必须权衡14个不同因素,包括国家税收水平、经济增长水平、环境法规等。每个小组都可以参考十多篇在两国都很有名气的经济专家撰写的文章,这些文章中半数认为其中一个国家是理想的投资对象,而另外半数持相反意见。

结果如何呢?小组成员会刻意寻找支持其最初投资选择的信息,忽略其他信息吗?比起把意见一致的人分在一组,在组内加入意见不同的人时,他们的商议结果会发生变化吗?舒尔茨-哈特发现,与内部意见趋于一致的同质小组相比,组内有异见者时,小组成员要求阅读与其最初投资选择相悖的文章的可能性要高一倍。因此,如果你想要避免思维方式走向极端或偏颇[2],最好引入一些不同意见者。

当然，往群体中引入异议是要付出代价的。与同质群体相比，存在异见者的群体在对话中经历争议（围绕不同观点展开辩论）的可能性翻了一番。群体的积极性、凝聚力和决策力都受到了打击。但是，在缺乏不同意见的情况下，同质群体容易受到确认偏差的影响，导致群体成员一味寻找能够证实其不成熟结论的信息，忽略了那些与群体认知相冲突但十分有用的信息。因此，在舒尔茨-哈特的研究中，意见一致的同质小组在做投资决定时只参考了一半的信息，而异质小组则经历了更广泛的思考和质疑。[3]尽管如此，比起异质小组，同质小组的自信心水平高得惊人。对医院、法庭、百老汇音乐剧场和社会运动等方面开展的研究也得出了相似的结论。引入异议后，你会发现群体成员的自信心下降了，成员之间的争议增多了，但是对于提高群体解决能力的问题和创造力来说，这样的代价相对而言是比较小的。

> 要点提示
>
> 哪怕你们之中只存在一个异见者，也会有神奇的事情发生。这么说并不意味着你会像个机器人一样，默认异见者必然正确。相反，你只是更有动力去认真思考问题，并且相信异见者站在相反的立场自有他的道理。

当你有机会接触到不同意见时，你会更有动力去核实支持相反

047

意见的证据。你开始以开放的心态去验证事实，质疑自己的观点。你会变得更具批判精神，更加客观，不再依赖于动机性推理和盲目自信。你的思维方式不再像个盲从者，而是像一个追求真理和公正的科学家。总体来说，异见者的存在会促使群体成员放弃不费力的思维捷径，转而对接收到的信息进行复杂且深入的处理。如此一来，三大类认知偏差引起的问题都将迎刃而解。

原因二：原则性不服从能够激发创造力

思考一下，哪个因素能够最准确地预测一个小学生在50年后能否成为一个富有创新精神的发明家？答案不在于他能用橡皮泥捏出多么奇怪的东西，也不在于他的好奇心和智力水平，关键要看他是否"乐于成为少数派的一员"。根据佐治亚大学的马克·朗科（Mark Runco）博士及其同事的一项研究，如果一个人在童年时期曾明确表示，身为少数派没有对他造成困扰，那么他到60岁时就能够取得更多的创造性成就。他可能写过书或剧本，创办过赢利的企业，赢得过公众的赞誉或者对其他人产生过深刻的影响。诚然，这些不服从者年轻时可能因为挑战现状而遭受过心灵的折磨，经历过友情的破裂，甚至受到过迫害，等等。但是当他们聚在一起时，他们比同辈中墨守成规的人更有可能成为富有创造力的先锋。

另一项研究发现，原则性不服从能够促进发散性思维，有助于做出创造性决策。在实验中，研究人员选取了几个工作团队，并且从每个团队中随机挑选了一名成员进行原则性不服从培训。在之后的十周时间里,每个团队都被要求完成一系列创造性任务,例如设计新产品,或者解决商业情景中的道德难题。结果表明,比起普通团队,当团队中有受过特殊训练的不服从者时,团队成员能够提出更多的产品创意(由外部专家客观评价)。但是成员之间有时会发生争吵,一些不服从者会觉得自己被孤立了,压力倍增。一位不服从者表示:"这不是件容易的事。"还有一位不服从者说:"我和另一位同事一直吵个不停。"但是最终,团队成员会承认不服从者的贡献,不服从者也会得到同事更高的评价。一开始,这些不服从者可能会拖慢团队的工作进度,破坏团队的凝聚力。但是随着时间的推移,有原则的不服从者的存在会帮助每个成员明确自己的角色,进而提高团队绩效和创造力。

我们总以为自己明月入怀,能欣赏差异、异议和异常行为。但事实是,一旦我们中间出现一两个不服从者,我们就会如临大敌,并且因团队凝聚力的削弱而感到恼火。为了我们自己的利益,从今往后我们要学会克制这种愤怒,迎接不服从行为。

> **要点提示**
>
> 创造力不是一种天赋,而是一种思维方式。经常与持不同观点的人交流,会让我们自己也产生一种创造性思维。当群体中有不服从者敢于公开表达标新立异的观点时,其整体力量将超过各个成员能力相加的总和。

原因三：不服从将催生更多的不服从

正如我们在第二章中看到的那样，人在重压之下往往会选择服从。但是，原则性不服从也有它自己的说服力。向群体中投入一名不服从者，任其发展一段时间之后，你很有可能在该群体中发现更多的不服从者。查兰·奈米斯（Charlan Nemeth）博士主导的一项实验证实了这一观点，这也是我本人最喜欢的研究之一。为了验证到底是什么让一些人拒不服从权威，无惧群体压力，奈米斯博士及其同事要求实验参与者观看20张蓝色的幻灯片，然后大声说出它们的颜色。独自接受测试时，所有参与者都表示幻灯片百分之百是蓝色的。随后，研究人员把参与者分成了四人小组，并且在每个组内安插了一位演员，他的任务很简单，就是反驳多数人的观点。轮到他发言时，他要非常自信地表示幻灯片是绿色的。因为幻灯片明显是蓝色的，并且组里的异见者说的肯定是错的，因此参与者都忽略了这位演员的异议，仍然认为幻灯片百分之百是蓝色的。

接下来发生的事情让这个实验变得有趣了起来。研究人员把每位参与者带进一个单独的房间，成为新的四人小组的一员。参与者看不到其他三位新组员，但可以通过麦克风和他们交流。在这一阶段，参与者将看到另外一组幻灯片，每一张都是红色的。但是当被问到看到的是什么颜色时，另外三位组员将一致表示是橙色。迫使参与者服从的条件已经成熟，研究人员想知道他究竟会怎么做。

结果显示，在实验第一阶段没有遇到异见者的人都不愿挑战多数派的错误观点，只有29.6%的人会怯怯地说出"红色"这个词，而且用的是疑问语气。而在第一阶段目睹演员发表异议的人发生了变化——有76.1%的人勇敢地喊出了正确答案："红色，很明显！"值得注意的是，即使在实验第一阶段多数派是正确的，而异见者给出的答案是错误的，并且参与者并没有公开同意异见者的意见，改变还是发生了。认真想一想。不服从行为影响了一开始忽略它的人。不知何故，目睹别人的不服从行为会改变我们自己看待世界的方式。

> **要点提示**
>
> 不服从行为通常不会立刻获得多数派的认可。但它会播下怀疑的种子，而这些种子将随时间成长为新的观点。

罗伯特·西奥迪尼（Robert Cialdini）博士是全球知名的说服术研究专家，他发现反对现状的人在试图改变人们的态度和看法时，一开始都会遭遇失败。但是在随后的几周或几个月里，你会看到人们的思维和行为方式悄然发生了变化。不服从行为最开始会令人惊惧，但是随着时间的流逝，它最终将产生更深远的影响，改变人们看待自己、他人和世界的方式。

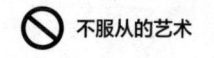

让包容开放成为你的默认设置

通过介绍论证不服从的好处的各项研究，我希望能从两个方面给你启发。首先，我希望你的行为更具反叛性。换一种思维方式，主动去表达、去行动。其次，我还想激励你以更开放的心态对待你遇到的不服从者，尤其是当你不同意他们的观点时。小酌两杯后我经常会说："不服从是通往邻近可能性的入口。"它引领我们进入新的可能性，而这种可能性是我们由于偏见、经验不足或缺乏智慧而无法自行创造的。正如我们所见，原则性不服从行为无论大小，都能为社会带来变化。你不必同意每一个不服从者的意见，只要耐心听他们说完。你面对新观点不应再固执己见，而是从根本上做出改变，让包容开放成为你的默认设置。

服从者的开放心态很重要。研究发现，不服从者独自一人很难走远。为了验证让一个群体改变长久以来的社会规范需要哪些因素，研究人员设计了一场实验。在实验中，他们把194名参与者分为二三十人的小组，给每个小组看了一张陌生人的头像，并让他们讨论给这个陌生人取什么名字。参与者不知道的是，他们中有一定数量的异见者，而异见者的任务是在组员即将就某个名字达成一致时跳出来反对，并且提出不同意见。研究人员发现，当组内有超过25%的异见者时，该小组最终会决定用另一个名字。如果组内异见者不足20%，那么少数派的意见不会对最终选择造成影响。结果表明，一两个伊丽莎白·詹宁斯这样勇敢的不服从者可能会引起特定政策的改变，但是要想改变整个群体的观念或行为，那么少数派的人数至少要达到总人数的1/4。

在本书的后续章节中，我将继续指导你如何通过包容你身边的不服从者，利用他们的新奇想法，最终成为这光荣的1/4中的一员。但是在这之前，让我们先来讨论作为不服从者，你要如何赢得更多人的支持，突破1/4的门槛，最终实现变革。其中，你的表达方式是一个重要因素。也许你有着最绝妙、最惊天动地的想法，但是如果你不知道如何表达，也只能白费心力。对于弱势群体如何表达自己的想法，赢得多数人的支持，科学家们提出了许多有趣的见解。如果你有一个不受欢迎的想法，而你认为它有助于推动社会进步，那么帮我个忙。暂停你正在看的视频，不要再查看社交应用，继续往后读。这个世界需要你。

核心建议

❶ 往你的团队中加入异见者。接触不同意见会让你以更加开放的心态去验证事实，质疑自己的观点。只要有一个不服从者发表另类意见，整个团队的确认偏差和动机性推理就会减弱，同时提高创造性产出。

❷ 要有耐心。原则性不服从一开始往往无法改变他人的态

度，但是随着时间的推移，它最终将产生深远的影响，改变人们看待自己、他人和世界的方式。

❸ 让包容开放成为你的默认设置。你不必同意每一个不服从者的意见，只需耐心听完他们的表达，而不是拒人于千里之外。

第二部分
给不服从者的建议

第四章
修炼说服术
如何说服持怀疑态度的服从者

CHAPTER 4

我希望你仔细关注一下Fugazi。你可能会想，那是什么东西？这个单词虽然奇怪，但它既不是一个价值15万美元的意大利跑车品牌，也不是挥舞着拳头的老奶奶嘴里骂出的一句脏话。根据《城市词典》（*Urban Dictionary*）的解释[1]，Fugazi是一个俚语词，最早流行于退伍军人之间，指"一团糟"的情况。所以我想老奶奶生气时应该也可以说这个词。但是我想让你了解的Fugazi其实是一支四人朋克摇滚乐队，他们几乎算是过去30年里最有影响力的音乐人。

这么说也许有点夸张。难道我没把涅槃乐队或者Jay-Z放在眼里吗？没错，他们的演出确实很有影响力。但事实是，Fugazi直接影响了涅槃乐队，以及Jay-Z、洛德（Lorde）、眨眼182乐队、凯莎（Kesha）、喷火战机乐队和比莉·艾利什（Billie Eilish）。他们全是Fugazi的狂热粉丝。当你意识到无数深受Fugazi影响的音乐人本身都是极富影响力的人时，你就会明白，如果没有这个起了怪名字的乐队，如今美国的音乐界将完全是另一副模样。

根据一位音乐记者的报道，Fugazi利用雷鬼、放克和爵士等音乐形式,把自己塑造成了"一个渠道,供人们发泄因敌视服从性文化中荒谬的安全感而产生的困惑、愤怒和焦虑"。与披头士乐队、齐柏林飞艇乐队和加斯·布鲁克斯等巨星不同,Fugazi代表的是艺术上的正直、大胆的政治激进主义、反消费主义、反社团主义和自己动手的心态。它视自负、卖弄技巧和"出卖自己"为敌。Fugazi摆脱了浮夸吹捧,让观众成为演出的积极参与者,而非阿谀奉承的崇拜者,这一点要优于20世纪80年代末及90年代的任何一支摇滚或流行乐队。

Fugazi的成员都是极具灵气的硬核艺术家。而且无论后来乐队名气有多大,他们的演出门票都只卖5美元,所有唱片、磁带和CD都只卖10美元。其他音乐人可能觉得演出管理员、经纪人、分销商和会计等专业人士是必须要请的,但是为了维持低成本,Fugazi全部拒绝了。他们的唱片由成员自己录制,巡演时就住在歌迷家的客厅里。他们根本不在乎能不能成为摇滚明星。因为还记得青少年时期被拦在演出场外的感觉有多糟糕,所以Fugazi拒绝参加不面向全年龄段的演出。他们信奉普遍包容原则,欢迎所有人成为他们的歌迷。如今,许多流行音乐都在倡导反对各种不公平现象,包括暴力、经济不平等、物质主义和不道德的政府干预,等等。这正是Fugazi的风格。

Fugazi拒绝在酒吧演出,因为乐队成员不希望音乐体验受到酒精的玷污。青少年容易受广告影响,如果主流杂志刊登有烟酒公司的广告，那么他们也不接受其采访。为了不受制于人，他们拒绝了大唱片公司给出的高达数百万美元的签约费。他们从不拍音乐视频，因为全球音乐电视台（MTV）等平台上充斥着大尺度内容，令他们反感。为了减少与歌迷的交易，他们在演出时从不售卖周边T恤、贴纸或徽章。Fugazi的原则很明确：音乐第一，歌迷第二。乐队从始至终都站在普通人这边，而不是大公司。

人们总是认为艺术上的正直和商业上的成功相互排斥，但是Fugazi打破了这一固有观念。自乐队成立17年来，他们一共卖出了300多万张唱片。尽管自2003年以来一直处于"中断状态"，但是截至本书撰写期间，该乐队的歌曲每月仍有超过150万的流媒体播放量。从更深的层面讲，Fugazi获得了许多音乐人都没能达到的成就：乐队成员改变了文化规范，引领了一场保持"草根性"和自己动手心态的音乐艺术运动，同时唤起了音乐界的社会意识。这个乐队提高了美国音乐界对道德的关注，正因如此，科特·柯本（Kurt Cobain）和艾迪·维达（Eddie Vedder）等著名音乐人才会在采访中提到Fugazi乐队成员的名字，希望这种正直能延续下去。

作为有原则的不服从者，Fugazi取得成功的秘诀是什么呢？首先，坚定的决心肯定是不可或缺的。从1987年到2003年，Fugazi一共举办了1000多场现场演出，平均大约每5天一场，17年不间断！这一点大家有目共睹。除此之外，还有更重要的一点，那就是乐队成员掌握了获得影响力的窍门，我们可以称之为"弱势群体的影响力指南"。像查尔斯·达尔文一样，他们拥有一项非同寻常的技能，能够让他们的观点被多数派成员接受，包括音乐界权威和从前对朋克摇滚不感兴趣的歌迷。

科学研究表明，保持表达内容的一致性并且不过分僵化，有利于少数派（符合不服从者定义的一个特点）推动变革。Fugazi用自身经历证实了这一点。这支乐队信奉的生活理念，如素食，被称为"标尺"，但是他们从不强加给歌迷。无论是在舞台上，在采访中，还是在和歌迷面对面交流时，Fugazi的成员都明确表示，他们的生活方式只是一种选择，并非唯一的一种。他们从不对选择其他生活方式的人妄加评论，也不指望歌迷模仿或者遵循他们的生活方式。因为歌迷没有把Fugazi当成传教士，所以更乐于倾听他们的意见，最终自己也养成了"标尺"般的生活习惯。

关于少数派如何最有效地说服他人，研究人员已经提出了许多有趣的见解，并且根据这些见解生成了几种心理学理论，包括换位理论（Conversion Theory）、冲突细化理论（Conflict Elaboration Theory）、语境/比较模型（Context/Comparison Model）、来源-语境-细化模型（Source-Context-Elaboration Model）和详尽可能性模型（Elaboration Likelihood Model）。在海量的心理学术语中遨游后，我总结出了几条能够指导不服从者最大限度地开发其说服力潜能的原则。无视这些原则，你注定会失败。而如果你能像Fugazi和其他有原则的不服从者一样履行这些原则,你就更有可能为自己赢得听众。

从13岁起,每当被问到"你最喜欢的乐队是哪个",我的答案就没有变过:Fugazi。提问的人会露出诧异的表情,然后我就会飞快地介绍起这支乐队的详细信息,然后播放他们最棒的专辑 *Repeater*。我总是在健身、开车或者想要为自己加油打气时听这张专辑。我的三个女儿都认识Fugazi,她们以往送我的父亲节礼物就包括刻着乐队名字的水瓶、临摹专辑封面的手绘书签和印有歌词的陶瓷杯。刚搬到华盛顿郊区时,我在当地的一场教堂音乐会上遇到了乐队主唱伊恩·麦凯(Ian MacKaye),那场演唱会的收入全部用于慈善。Fugazi在文化上的贡献我们就了解到这里。读完这一章后,你一定要听一听他们的歌,欣赏他们宣泄式的融合乐音。给这些深受歌迷喜爱的音乐一个机会(我从每张专辑里各选了一首):"Waiting Room""Repeater""Reclamation""23 Beats Off""Bed for the scraping"和"Break"。

> **要点提示** 以下是五条基本原则,利用这些原则,不服从者能够在表达信息时最大化自己的说服力。

原则一:打入多数派内部

不服从者请记好:如果你的听众把你当成他们圈子里的一员,

而不是外人，你就更有可能把信息传递给他们。这一结论得到了众多研究的支持，其中一项研究是20世纪90年代中期在亚利桑那大学开展的。美国政府采取了一项备受诟病的政策，在这一背景下，研究人员要求支持该政策的学生阅读一篇反对这种政策的文章。这些学生被分为三组，第一组被告知这篇文章是由亚利桑那大学学生会撰写的，换句话说，它反映了学生群体中的主流观点。第二组被告知这篇文章的作者是亚利桑那大学的一个小型保守派激进组织，也就是说，它代表了校内一个少数群体的看法。而第三组则被告知这篇文章由另一所大学的一个激进组织撰写。

研究结果表明，对于这些本身就不赞同这篇文章（认为它与自己的核心价值观相违背）的学生来说，如果得知它出自校内主流群体之手，那么他们对这篇文章的正面评价会翻倍。但是，如果他们相信这篇文章只是同学中某个少数群体的观点，那么他们就会花更多时间去系统理解文章内容，并且保留更多信息。也就是说，少数派只有明确表明自己和听者之间存在一种共同认同时，他们的表达才会拥有特殊的说服力。

这一现象背后隐藏着一种有趣的机制。当群体内某个人有不同意见时，异见者将激起多数派的好奇心。听者的脑海里会浮现出两个问题："为什么他的想法和别人不同？""他掌握了什么我不知道的信息？"这种分歧在短期内会造成群体内的紧张或冲突，但同时它也把群体成员的注意力引向新想法、悬而未决的问题或替代选项，从而推动创新。群体成员通过仔细聆听来获取知识或智慧。他们会重新评估现有的观点、行为和政策，并且判断哪些已经过时或行不通了。作为局内人的异见者比局外人拥有更高的可信度，所以他们可以更好地促进变革[2]。

> **要点提示**
>
> 当你事先花费时间与某个群体缔结纽带，尤其是支持该群体的各项规范，建立起积极的群体认同时，你就会获得社会学家所说的"特异信用"（idiosyncrasy credits）。如果你愿意这么做，你就能逐渐积累起文化资本。日后你提出创新想法时，可以"花掉"这些资本，换取群体其他成员的支持。

如果你是个政治上的保守派，想要说服同为保守派的朋友接受枪支安全管理法，记得先强调你们共同的政治立场，给他看看你给共和党投票的记录，然后再发表你的观点。街头传教士通常无法让听者信服，是因为他们没有或者无法建立起一种共同的"局内人"联系，他们所传达的信息在到达听者耳边之前就消散了。你可以，也应该做得更好。

原则二：激起好奇心，而非恐惧

或许你是全世界最聪明的人，拥有全世界最棒的想法，但是如果你把其他人吓得惊慌失措，或者疏远他们，那么你就得不到一丝关注。伊格纳兹·塞梅尔魏斯（Ignaz Semmelweis）医生就是一个例证。早在1847年，医学界对细菌了解甚少的年代，塞梅尔魏斯医生就主张洗手可以预防疾病。按照当时的传统理论，人生病是因为体内的血液、黏液、黑胆汁和黄胆汁比例失衡（这四种体液也被称为"四种气质"）。但是塞梅尔魏斯医生得到的数据并不支持这一理论。在维也纳总医院第一产院工作期间，他发现该院产妇的死亡率要远远高于第二产院。为了寻找答案，他检验了每一位产妇的尸体。结果发现，一些从其他尸体上带过来的微小有机物在产妇身体里滋生，引起了感染。原来在那时，验尸的医生同时也负责接生。因为没有洗手，尸体上残留的病菌就传染给了产妇。解决方法很简单：在接生前用漂白粉溶液洗手消毒。

塞梅尔魏斯医生在院内推广这种做法，产妇的死亡率几乎降为零。真是不可思议！更令人难以置信，也很可悲的是，他的做法并不被所有人接受。直到一个世纪以后，医学界才把洗手纳入手术前的标准程序。受过高等教育的权威医生不愿相信病人的死只是因为自己没有洗干净手，而塞梅尔魏斯医生也没有采取有效的说服策略。他不仅没有试图让自己的发现贴合"四种气质"理论，还不遗余力地攻击那些反驳他论文的医生，甚至在一篇论文中用整整64页的篇幅攻击一位质疑他研究结果的布拉格产科医生。

塞梅尔魏斯医生以为数据加上强有力的论证就足以驳倒当时的

错误理论，但是事实证明，这还不够。不管多么气恼，你都必须想方设法，以一种不具威胁性的形式来呈现你的观点。多数派成员对彼此宽容，但是他们会加倍细致地审查少数派的论点。因此，站在少数派的立场上进行论证是极其困难的。当群体中彼此有深刻认同的成员认为你的观点对他们造成威胁时，即使你的论据无懈可击，他们中的许多人依然会更紧密地团结在群体中受欢迎的精英身边，支持其观点和做法。一般来说，当人们内心的恐惧、尴尬和内疚等情绪淹没了惊奇感和好奇心时，你的影响力范围势必会缩小。

> **要点提示**
>
> 作为有原则的不服从者，你要采取平和的处事方式和友好的说话语气。不要羞辱、责备或伤害循规蹈矩的人。相反，要把倡导正统思想的人当成你未来的盟友。

原则三：营造客观的氛围

无论我们是多数派还是少数派，当我们的观点客观公正且有据可依时，我们的陈述就具有更强的说服力。想一想，你为什么认为本书有足够的科学性？创造性实验已经证实，如果原则性不服从的背后有客观证据支持，并且这些证据经得起验证，那么它就更有可能对主流群体产生影响。

在一项研究中，研究人员要求参与者假装自己是大学招生处的工作人员，负责评估学生的入学申请。每位参与者都收到了同样的入学申请书。其中一半人被告知接受或拒绝申请必须基于实际数据的客观决定；而另一半人则被告知录取决定是主观的，需要他们自行对申请书上的信息进行解读。参与者之间不进行任何讨论，独立做出了最初的录取决定（这是避免群体思维的最佳做法之一）。

转折发生在下一步：研究人员要求每位参与者就他的决定向另外一位参与者寻求补充意见。他们可以寻找赞同自己看法的人，也可以寻找反对自己看法的人。结果表明，认为录取与否全凭主观意见的参与者会刻意寻找与自己看法一致的人，而当参与者相信录取与否是客观决定时，他们会寻找意见不同的人，以免自己的决定带有偏见。

这项研究告诉我们，当一个论点以客观事实为基础时，我们会对它持开放态度，寻找发展它的机会，并且乐于倾听不同的意见。相反，如果论点是主观的，我们就会屏蔽外界看法。这并不难理解。当我们听说一个论点背后有证据支撑时，我们会更有动力去深入了解它，以免显得愚蠢、不负责任或者懒惰，此时我们处于一种"预防"或"防御"心态。我们甚至还会主动寻找反面证据，因为我们渴望得到最佳答案，而不仅仅是将错误最小化——专家称之为"提升的心态"（promotion mindset）。

> **要点提示**
>
> 作为不服从者,如果你试图说服的对象处于提升的心态,那么他们接受你的可能性就更大。为了让听者进入这种心态,你必须分清楚什么时候你是在分享有据可依的知识,什么时候只是在陈述自己的观点。你要多分享客观知识,让听者明白,与其坚持早已过时的主流观点,不如学习更好的新方法,并从中获益。

原则四:表现勇敢的自我牺牲精神

在前几章中,我们回顾了不服从者试图打破现状时面临的严峻考验。达尔文那几十位不幸的前辈们经历了坎坷命运,威尔特·张伯伦在短暂地用低手的姿势罚球期间,也受到了羞耻感的折磨,回想这几个例子会让我们觉得不服从者的生活糟糕透了。但是凡事都有好的一面,在试图让人们相信他的想法存在价值时,不服从者也可以想办法把他所遭受的心理伤害和面临的社会危险转化为自身的优势。

> **要点提示**
>
> 如果对方是一个勇于冒险的英雄,那么他在我们心里的可信度就会大大提高。不服从者可以通过发出所谓的"勇气信号"来改变自己的形象,即把他为背离群体而做出的个人牺牲和付出的代价展现给别人看。

在一项以刑事审判陪审团为研究对象的实验中，研究人员发现当少数派为了表达自己的想法而不惜受到嘲笑时，他们会产生更大的影响力。实验发现，当一小部分陪审团成员提出异议，导致不能达成一致的裁决时，某些多数派成员的嘲笑会反过来成为他们的优势。因为其他多数派成员会觉得异见者被（不公平或过度）贬低了，进而钦佩他们的勇气，愿意花更多时间来考虑他们的意见，甚至更愿意采纳他们的意见。

要注意：如果多数派给出了令人信服的有力论据，那么陪审团成员会觉得主流观点和异见者的观点同样具有说服力。但是，如果多数派给出的论据根本站不住脚，那么看似势单力薄的异见者反而会拥有越来越强的说服力。这是为什么呢？因为陪审团成员认为异见者更坚定，更真诚，因此更可信。

还有一点值得注意：如果异见者在人们眼里是个专门跟别人作对的人，那么就不会有人在乎他提出反对意见时鼓起了多大的勇气。所以，别到处挑刺！作为异见者，当多数派提出了好的想法时，对他们表示尊重，这样会给你赢来"信誉值"。日后在你强烈反对某个想法时，就可以借此提高你的可信度。

在他人眼里，勇敢并不只体现在面对嘲笑上。研究人员还发现，当异见者为表达自己的观点而付出了经济代价时，他的可信度也会提高。因为他的这种牺牲精神令人们感到惊讶，因此更愿意接受他的建议。反过来，如果持反对意见的少数派表现出明显的趋利倾向，他们的信誉值就会降低。原本看似值得信赖的吹哨人如果执意要追逐利益，比如一份利润丰厚的书籍出版合约，那么他也会失去对别人的吸引力。多数派对此心知肚明，因此经常费尽心思地寻找任何可能含有隐性利润的东西来败坏其批评者的声誉。

作为不服从者，你要强调你正在做出的牺牲（但不要过分渲染，以免适得其反）。表达观点时要说明你自身承受的心理负担，例如明确表示"提出反对让我自己心里也很难受"。让他们知道你在考虑要不要提出异议时曾经彻夜难眠。如果你的观点获得了支持，不要沾沾自喜，也不要盛气凌人，继续强调你付出的代价。其实人们都知道公开违背现状是多么可怕的一件事，因此坦白告诉别人你的遭遇反而会进一步提高你的说服力。

原则五：既要始终如一，也要灵活应变

Fugazi能做到的事，你也可以！1994年，杜克大学的温迪·伍德（Wendy Wood）博士及其同事使用一种强大的统计工具整合了143项研究少数派如何发挥影响力的实验。通过整理实验结果，他们发现，少数派的最佳策略是：自始至终呈现一致的信息。如果少数派向多数派屈服，并且表现出表里不一的迹象——更可怕的是，虚伪——他们就输定了。原则性不服从能否成功转变人们的观点，关键就在于能否自始至终呈现出稳定的、一致的信息。

为了催生变革，你必须让别人觉得你是——理想情况下，你确实就是——一个真正的"信徒"。变革遇到困难时，人们会找各种理由退缩，所谓困难就包括不服从者自己立场不坚定，缺乏信念。但是，当人们把不服从者看作某一事业的化身时，他们会不由自主地受到感染。不服从者要做到始终如一，就要对自己的事业怀有满腔热忱。他可能因此而付出代价或招致伤害，但是根据上述第四条原则，这也可能转化为优势。然而，正如我们先前所说，真正的"信徒"不能只是把自己的想法强加给别人，否则会疏远受众，并引起恐惧（违反第二条原则）。因此，不服从者真正应该做的是既要始终如一（大原则上），也要灵活应变（处理技巧上）。

> **要点提示**
> 有些事你就算以生命为代价也要完成，有些事就算不做也无伤大雅。你要明白其中的差异，区别对待。

追求重要目标时，保持一致性至关重要。不服从者必须牢牢坚守自己的立场，他们必须团结协作，形成一条统一战线——哪怕只有一次表里不一，也会损害他们的信誉。对于不那么重要的问题，要能屈能伸，自愿做出让步（研究表明，即使是一次小小的退让，也会得到对方慷慨的回报）。真正关心守旧派成员，理解他们在其立场上追求改变所要付出的努力和代价。让对方喜欢和你互动，尊重对方。最终你将得到和研究人员一样的结论：你的努力会让其他人习惯你的观点,让他们更欣赏你始终如一的主张[3]。

只要你愿意,改变就会发生

如前文所述,不服从者不需要通过强制手段来吸引别人的注意。新的科学研究表明,试图动摇墨守成规的人时,打入群体内部能够提高成功概率。激起他们的好奇心,而非恐惧。向他们证明你的观点具备客观性和真实性。给他们留下不畏牺牲的印象。处事方式既要保持一致性,也要灵活应变。以上五条原则并非难以执行,只要我们在呈现自己的观点时多花点时间考虑受众,理解他们的恐惧和需要,然后相应地调整我们的呈现方式。

但是,把研究原则性不服从的结论付诸实践并不能百分之百保证成功。也许你勤勤恳恳地执行了上述几条原则,最终仍没有得到预期的结果。不要气馁,你的影响力也许比你想象中更强。改变若要持久,它的过程必然是缓慢的。其他人需要时间来思考你所说的或呈现的信息,所以平静的表面下也许正暗流汹涌。面对新的观点,一小部分人会立刻放松警惕,把现有的想法抛诸脑后。但是多数人会坚决维护现状,只是在心里埋下怀疑的种子。要改变自己的认识,尤其当我们的认识和好恶已经被一系列的公开声明记录下来时,需要克服巨大的心理障碍。面对新想法,我们的第一反应通常既不积极也不消极,而是矛盾的——混合了抵触与好奇、困惑与悲

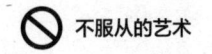

伤、希望与失望。

这种矛盾心理并不是件坏事。多数派成员会随之产生一种不确定的感觉[4]，然后希望通过衡量改革的得失来消除这种不确定。作为不服从者，如果你能让对方产生足够的不确定感，那么哪怕只是为了避免日后后悔自己没有考虑周全，他们也会被迫认真考虑你的想法。随着时间的流逝，他们的矛盾心理会逐渐消失，观点和行为也会发生改变，科学家把这种现象称为"睡眠者效应"。研究人员发现，人们对非典型少数派发出的信息感到矛盾，这其实是变化的前兆。一旦一个存在矛盾心理的人收集到足够的信息来判断一个观点是好是坏，他就会更新自己的认识。而正是因为少数派勇敢地站出来发声，个人、群体和社会才得以收获这些信息，进而改进和提高自己的认识。

作为不服从者，你肯定希望改变即刻发生。我理解你的这种心情，但是现实往往并不如我们所愿。不过，改变一旦真实发生，就会持久存续下去。多数派成员手握实权，能够迫使人们按照其想法行事，但是很难从根本上改变人们的内心想法。不服从者不一样，他们有能力改变多数派成员的认识。不服从者的首要目标是推翻构成多数派思想基础的概念框架。此后，随着多数派成员对异议的审查逐渐深入，他们会越来越同意不服从者的观点。有利证据积累起来之后，不服从者的可信度会越来越高，他们的想法也越来越有影响力。自然而然地，人们的行为开始发生改变，一开始只表现在微小的方面，随后越来越明显。

　　研究结果证实，群体中的少数派成员对群体观念的改变不只发生在他们的信息被接收时，还发生在他们的信息被完全内化之后。例如，一开始听到动物权益保护激进分子倡议禁止动物实验时，我们不会跟随他们在深夜往一家香水公司的实验室里扔土制燃烧弹。但是我们接收了他们的信息，然后进行了思考。很快，我们开始抵制香水。我们会公开谴责通过付费广告宣传香水的电视节目和网站。我们还会投票给致力于取消动物实验的政客。这说明改变确实发生了，虽然不易察觉，但是势不可当。

　　作为不服从者，你的内心要足够坚强。每个人的情况各不相同，而种族、性别、社会角色和外在的气质都会影响他人对你的原则性不服从行为的理解。不要奢望受到所有人的欢迎。要做好长期奋斗的准备。以进步为目标，不要满足于掀起变革。把前述五条原则奉为圭臬。主流想法具备进化的潜力。每当有人做出原则性不服从行为时，我们距离更美好的世界就更近了一步。作为不服从者，为变革代言既是你的使命，也是一种荣幸。拥抱这一使命吧。

　　好消息是：你不必孤军奋战。为了提高成功的概率，你可以招募队友加入你的战队，与你一同奋斗。在下一章中我们将看到，运用某些策略可以帮助你提高与人结盟的能力。近年来，科学家研究了如何利用社会关系来实现有效的不服从，他们的结论将为所有意图推翻错误主流思想的有原则的不服从者提供有益指导。

核心建议

❶ 投入精力与群体成员缔结纽带,支持群体规范,争取积极的群体认同。这么做会让你获得社会学家所说的"特异信用"。必要时你可以"花掉"这些文化资本,换取社会支持或群体的公平对待。

❷ 彰显你的勇气。有原则的不服从者想要改变自己在别人心目中的形象时,可以宣传他为反抗制度而做出的个人牺牲。当然,不要夸大其词,否则会适得其反。

❸ 不要指望所有人都会立刻为你标新立异的想法折服。人们对新想法的第一反应通常既不积极也不消极,而是矛盾的。作为不服从者,如果你动摇了人们对传统智慧的坚持,他们也许会被迫认真考虑你的想法。

第五章

吸引支持者

如何减少打破现状带来的压力

CHAPTER 5

在一个晴朗的夏日清晨,你即将踏上一场为期三天的徒步旅行。你是个徒步旅行新手,坦白来说,除了从沙发走到冰箱再走回来,其他运动你都不太熟悉。你从来就不喜欢运动。但是医生说你的胆固醇水平过高,所以现在,你不情不愿地走上了运动之路。你买了新的登山靴和防晒服,往背包里装了20千克食物和三种不同的杀虫剂,做足了准备。不过,你真的准备好了吗?当你走到山道的起点,发现它通向一座高山时,心里不禁后悔起来。你怎么可能背着20千克重的行李爬上这座骇人的山,然后再走上三天?

我们不再继续探讨如何解决这个问题——这与本书主题无关。但是我可以分享一些知识,让你有更强的动力去完成一切困难的任务,包括原则性不服从这样大胆的行为。在一项有趣的研究中,弗吉尼亚大学的丹尼斯·普罗菲特(Dennis Proffitt)博士带领实验参与者来到山脚下,为徒步旅行做准备。该研究团队发现,参与者大大高估了他们面前这座山的陡峭程度和爬山的难度。他们估计山的坡度有30度,但事实上只有10度。随后,研究人员让参与者背上有一定重量的背包登山，这时山在他们看来似乎更陡了。身材较胖的人在登山时也会认为山的坡度大于它的实际坡度。

这种错觉其实是大脑做出的精妙预算。为了生存，我们的身体在进化过程中会主动减少能量的消耗。面对任务时，我们的大脑会分别计算执行任务要消耗多少能量，寻找合理的替代方法又要消耗多少能量。大脑判断山的坡度大于实际坡度，实际上是在哄劝我们优化选项，避免最后落得筋疲力尽。对人类这个物种来说，懒惰其实是一种秘密的生存机制（但是对公司老板们来说，这也许并不是什么秘密）。

关于懒惰，还有另一个有趣的方面。在实验中，普罗菲特让参与者和一个信得过的朋友一起仰望即将要爬的山。神奇的是，这时参与者对同一座山的坡度的预估降低了13度。比起独自望着山的人，他们预计登山需要消耗的能量也更少。对他们来说，体力挑战的难度似乎降低了。这意味着值得信赖的朋友的存在改变了参与者对现实的视觉感知，让他们更有信心突破体力的限制。这并非不可信。其他研究也证实，在被一个歹徒威胁时，有朋友陪伴的人和独自面对的人对这个歹徒的感知也不同，在有朋友陪伴的人眼中，这个歹徒的身材更矮小，肌肉更少，因此他们的担忧程度也更低。

经历艰难困苦时，朋友是不可或缺的帮手。这个结论也和我们的大脑构造有关，为了享受懒惰带来的好处，我们进化出了压榨朋友的倾向。这并非什么光荣的事，但是我们确实会根据"社会基线"（social baseline）——我们认为自己与可依赖的社会关系之间的距离——来决定如何投资我们的身体和心理资源。面对任务时，我们会快速做一遍心算，确定自己能否获取有用的社会资源。如果答案为是，我们就会有更好的表现。我们的大脑把盟友视为一双援手，或者一个智囊，在我们面对心理、身体或社会挑战时帮助我们承担压力。呼——我们可算能放松一点了！大脑自动把我们的盟友视为"自我"的一部分。我们想当然地认为朋友一定会帮我们分担压力，这就暗示大脑要减少能量消耗。我们从值得信赖的亲密朋友那里借用资源和用自己的没什么两样。这是事实，而非修辞。

同爬山或者受到威胁一样，反抗体制和试图说服别人接受新想法也极其消耗人的精神力量。但是，如果身边有可以信任的朋友，我们就能够释放掉一部分打破现状带来的压力。朋友的存在提醒我们要用其他人也认可的观点作为开场白。朋友会在我们发言时朝我们微笑，以示安慰，或者点头鼓励我们。他们还会帮我们应对突如其来的怀疑和反对。有了盟友，我们不必万事都靠自己记住，不必担心说错话，也不必十八般武艺样样精通。那么对于潜在的不服从者来说，他们要解决的问题就是如何找出并且留住最有可能提供帮助的盟友。科学研究为我们指出了三条基本原则。

> 不服从的艺术

> **要点提示** 你不必单枪匹马地改变世界。争取可靠的盟友来陪你渡过难关。

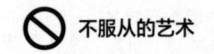

原则一：充分利用你的社会资本

如果你是个正在寻找盟友的不服从者，那么你必须清楚如何做选择，即使选择的方法与你的直觉相违背。作为一个局外人，你可能认为根据影响力、权力、财力或者是否拥有获取信息的特权来选择盟友，会使你处于优势地位。没错，有权有势之人可以成为很好的朋友。如果你计划让多数派接受你的观点，那么把地点选在盟友那停泊于加拉帕戈斯群岛且配备按摩浴缸的60米长的超级游艇上肯定更舒服（我也没试过所以并不确定）。但是科学研究表明，你最好还是选择能够在智识上或情感上给予你帮助的人。如果一个人能够贡献独特的见解和智慧，激励你提出更好的问题，帮助你解决问题或者拓宽你的自我认知，那么无论他拥有多少财富或权力，他都是盟友的最佳人选。与现状做斗争时，你必须通过与他人建立亲近关系来实现自我拓展。要想达到自我延伸（self-expansion）的效果，读一些有科学依据的励志类书籍是一个很好的方法，看纪录片（尤其是《冒充者》《拼字比赛》和《寻找小糖人》）也是不错的选择，但是最快、最有效的延伸和强化自我的方法，还是构建人际关系。

这一建议意味着不服从者应该选择与自己差异较大的人作为盟友。如果某个人和你吃一样的食物，读一样的书，音乐品味相同，社交圈也重合，那么你们的思维方式也会大同小异。和这样的人交朋友会让你感到安心，但是你的能力不会有任何提升。你听过"英雄所见略同"这句老话吧？但事实是，英雄（同一个联盟内）所见不同。

> **要点提示**
>
> 寻找与你互补的人。选择有趣的、有挑战性的、能给你带来启迪的人与你同行。你肯定会喜欢（以好的方式）对你造成思想冲击的人，因为他们能带给你新的想法和观点。

寻找盟友时，还应该找能为我们提供情感帮助的人。伊莱恩·张（Elaine Cheung）博士提出了"情感关系"（emotionship）的概念，用来表示我们和帮助我们解决特定情感问题的那个人之间的关系。拥有越多能满足我们不同情感需要的盟友，我们对生活的满意度就会越高，也就更有可能实现有效的不服从。同理，选择盟友时，最好选择符合密歇根大学的金·卡梅隆（Kim Cameron）博士提出的"正能量充能者"（net positive energizer）定义的人。在生活中，和一些人相处就像给自己充电，而和另一些人相处则会耗尽你的能量，让你想蜷成一团，避开和人类打交道。当你和权威人物较量，能量严重不足时，你肯定希望身边有一个"充能者"，而不是给你泼冷水的人。"正能量充能者"会表露出对你的兴趣，主动与你建立关系，信守对你的承诺，时刻关注新出现的可能性并且对不同意见充满好奇。他会鼓励你去尝试、去冒险、去创新。"正能量充能者"就是你成长过程中的一罐红牛饮料。

情感关系测试

在生活中，有人会在你经历重大情感变化时帮你调节心情吗？在你的社交圈里，哪个人一定可以为你做以下事情：

- 让你振作起来
- 为你注入能量
- 安抚你的情绪直到你平静下来
- 激发出你爱玩的一面
- 在你难过时安慰你
- 和你一起面对压力
- 逗你笑
- 和你进行深入的思想交流

希望你有幸结识能在上述各个方面为你提供支持的人。虽然独自一人也可以激发不服从，但是身边有一群拥有不同情感能力和偏好的朋友时，你的效率会大大提高。

你的朋友是正能量充能者吗？

参与社交活动时，他身心两方面都很投入吗？充能者不只是装出投入的样子，对其他人和他们感兴趣的事物，他们会表现出真正的兴趣。

他会优先考虑人际关系的发展吗？充能者关心他人，从不把他人当作达成目的的手段。

他会履行自己的承诺吗？没有什么比先许诺再食言更让人泄气的了。充能者绝不会这么做。

他会主动寻找新的可能性吗？还是眼里只看得到限制？充能者不会无止境地批评你的想法。他们在交流时通常会说"是的，而且……"

出现分歧时，他会表露出好奇心吗？还是立刻提起防备心？充能者并不追求在每一场争论中都取得胜利。他们会想，也许我在某个方面确实欠缺知识。即使不愿改变立场，他们也不会引起对方的反感。

他能恰当地运用自己的知识和技能吗？充能者乐于通过合作逐渐展开自己的想法，而不是急于得出结论，或者主导对话以表现自己的聪明才智。

他习惯用一刀切的解决方法吗？还是能做到因人而异？充能者善于吸引不同的人参与对话或任务，找机会让他们做出自己的贡献，而不是要求他们接受自己的方法。比起想当然地替遇到

> 困难的人决定他们需要什么，充能者会询问对方需要倾听还是援助。充能者和性格喜好不同的人对话时会采取不同的策略，以便更好地挖掘他们的潜力。

寻找能帮助我们拓展自我的人并非易事。尝试建立一段有望帮助我们实现自我延伸的关系——爱情或其他关系——会使我们面临风险。在我的第一项学术研究中，我设计了一个实验来探究什么情况下人们会放弃与自己相似的人，选择与自己差异较大的人结为伴侣。我和同事们利用一个模拟约会网站，把实验参与者分为两组。其中一组被告知自己看到的都是和自己有相同兴趣和价值观的人的资料，另一组则被告知他们看到的是和自己性格和兴趣完全不同的人的资料。结果是：如果我们告诉参与者，有个优质对象对他的资料感兴趣，想要见面，参与者会强烈偏向和自己差异较大的人；如果我们不告诉参与者是否有人喜欢他们，他们往往会选择和自己相似的人。这说明比起自我延伸和向外探索，我们人类更渴望被包容。如果我们在"选购"一段关系时不确定对方是否会接受我们，我们很可能会把发展这段关系的机会抛诸脑后，满足于一个和我们相似的人。如果我们没有这种顾虑，或者恰好我们对自己足够有信心，我们就会选择能帮助我们进一步学习和成长的人。

遭到拒绝时，如果我们认为冷落我们的是个迷人又有趣的人，那么拒绝造成的刺痛就会更深刻、更持久。我们或多或少会因为性格而产生社交焦虑,如果其他人无视我们的诉求,我们就会觉得自己被针对了。不过社交焦虑完全是正常的,尤其在建立关系的初始阶段。如果你是个正在寻找盟友的不服从者,在你接近一个理想的盟友人选之前,不妨等一等,看看你对于被拒绝的恐惧是否会消散。或者干脆鼓起勇气接近他,不管害不害怕。别多想——只管去做。(在下一章中,我将进一步探讨如何克服焦虑。)为了做好充足的准备,事先花几分钟时间想一想为什么自我延伸对你有好处。

研究表明,人在衡量一段关系是否有发展机会时,内心会产生一股动力[1],即使他面对的是一个刚刚认识的陌生人。当你愿意放下身段,承担风险,邀请合适的人与你共同完成使命时,你就迈出了建立关系的第一步。

告别势利,追求成长

与追求地位的人不同,追求成长的人和陌生人进行社会交往时,会把它当成一次激动人心的挑战,或者一个开阔视野的机会。你要时刻保持警觉,抓住机会向那些拥有不同经历和知识体系的人学习。每一次接触新的人或想法,你都可以实现一次作为人的自我发展和自我延伸。选择权在你自己手中。比起用你现有的知识去拼命取悦别人,不如有意识地寻找成长和发展的机会。你会变得更强大、更聪慧。人们也会觉得你更可爱、更有魅力。

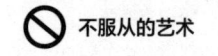

原则二：齐心协力，共渡难关

一旦找到了潜在的盟友，下一步就是和他们建立起牢固而有意义的关系。最佳途径是与他们一同应对痛苦的挑战。麦克·阿盖尔（Michael Argyle）和莫妮卡·亨德森（Monika Henderson）两位博士从有关人际关系的科学研究中提炼出了友情的六个基本规则：①会在对方需要时为他提供情感支持；②自愿为对方提供帮助；③会在对方不在场时维护他的利益；④互相信任；⑤努力使对方感到幸福；⑥分享胜利和成功。破坏这几条规则，友情也会随之破裂。但是要注意，前四条规则其实与幸福感无关，它们强调的是不要随意评判对方，要相互理解，并且随时支持对方——当你们共同面对挑战时，这些能力会派上用场。后两条也和共同应对挑战有关。当你承受巨大压力时，身边有人关心你是否幸福是很难得的。克服困难之后，身边有人与你分享荣耀也是很重要的。

其他研究也证实，社会性动物生来就会通过痛苦建立关系。如果我们是朋友，那么你的痛苦也是我的痛苦。无论是自己受苦还是看到朋友受苦，我们大脑的同一区域都会被激活。共同经历痛苦是把人们团结在一起的一种策略。大多数人认为我们应该先和他人建立信任，然后才能暴露自己的缺点、不安、失败和痛苦。但事实上，这个逻辑是反的。帕特里克·麦克奈特（Patrick McKnight）、西蒙妮·麦克奈特（Simone McKnight）、丽莎·亚历山大（Lisa Alexander）这几位博士和我本人，发现信任出现在我们和他人共同经历逆境的时候。当我们不确定自己能否实现某个重要的目标，并且认为自己必须依赖某个人时，我们就会对他产生信任。也就是说，我们先感到脆弱，然后才产生信任。

痛苦能够加速亲密关系的建立，它实际上是通往互惠关系的捷径。科学家在一项研究中发现，比起合作完成简单任务的陌生人，一起经受一系列痛苦任务的陌生人会认为彼此之间建立起了更紧密的联系。感到痛苦时，人们彼此合作的欲望也更强烈。其他实验还发现，共同经历痛苦的团队成员之间会进行更多的眼神交流，比起没有一起经历痛苦的团队，他们会更多地帮助、鼓励和安慰彼此。在实验室之外，这种现象也随时可见。在海豹突击队长达24周的高强度训练中，士兵之间建立起的关系如此紧密，以至于几十年后他们还会出席彼此和彼此家人的婚礼、生日和葬礼。同样，共同完成领导力开发项目的商业机构之间也会不知不觉建立起长久的友谊。

> **要点提示**
>
> 如果你想招募盟友与你共同完成一项事业，那么不要畏惧困难的挑战，也不要害怕分担对方的痛苦。你应该尽可能和对方一起经历逆境。把自己脆弱的一面暴露在别人面前确实不容易，但是这么做会让你们之间的关系更加紧密，也会让你更有勇气。

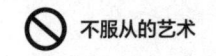

正如哲学家阿兰·德波顿（Alain de Botton）所言："令人伤感的是，我们总是费尽心力展现自己强大的一面，殊不知让别人喜欢上我们，让陌生人成为朋友的，其实是我们表露出尴尬、伤心、忧郁和焦虑的那些时刻。"

原则三：在服从性和独特性之间取得平衡

找到一个盟友是一回事，建立起一个完整的团队则是另一回事。组建团队是一次更加冒险的举动。那么，你要如何整合团队，让每位成员都有勇气为团队做出贡献呢？

社会心理学家玛丽莲·布鲁尔（Marilynn Brewer）博士认为人们在给自己下定义时，依据的不只是自我认知，还有他在社会群体中的身份。当我们把自己看作某个社会群体的一部分时，我们就要设法满足随之而来的两种相冲突的心理需求[2]。第一，我们必须获得融入感和归属感。第二，我们希望自己是不可或缺的，而非群体内其他成员的替代品。我们想要确定自己拥有与众不同的生活经历和性格特点。我们想成为我们自己，贡献自己独特的观点、经验和优势。友情固然可贵，但是我们也绝对不想迷失在群体内，忘了自己是谁，自己需要什么以及自己在乎的是什么。

如果你想让一个团队有足够的动力去打破现状，你就要帮助每一位成员平衡这两种需求。一方面，要让他们产生归属感。向他们保证，担心自己是否合群，或者担心自己在团队里的地位是否稳固都是正常的（因为有太多人习惯于隐藏自己的不安）。你甚至可以列出以下事实：34%的美国人有点或非常不满意自己的社交生活。40%的美国人认为自己一个亲密朋友都没有[3]。在一项涉及20 096名美国18岁以上成年人的调查中[4]，竟然有超过半数的参与者表示没有人真正了解和理解他们！当研究人员询问来自52个不同国家的148 045名青少年他们什么时候会感到孤独时，10%的受访者表示他们大多数时间都很孤独，或者过去一年里一直很孤独。但事实上，在他们担心自己是否合群的时候，还有很多人和他们有同样的想法。如果能认识到这一点，他们就能解决这个困境，既融入群体，又能够做自己。

有一个方法能确保你获得归属感，那就是寻找你和群体其他成员的共同点。你可以从你们以往的生活经历中找到联系，然后通过问问题来达成默契，例如"你小时候和好朋友都玩什么？""你小时候对什么东西感兴趣或着迷？""你小时候因为什么事情被表扬或惩罚过？""如果人生能重来，你最希望回到哪个时刻？为什么？"当下的共同点也能让人产生归属感，你可以问对方如下问题，"友谊对你来说意味着什么？""如果你知道一年后你会意外死去，那么这一年里你会继续做哪些事？又会做出哪些改变？""哪件事你做得最失败，却意外取得了好结果？"当然，也别忘了问一些涉及未来的问题[5]："如果你中了彩票，你会做什么？""你做梦都想完成的事情是什么？为什么到现在还没有完成？"

从这些问题引出的对话中，我们会发现彼此的共同点，进而获得归属感。对话的目的并不是轮流用有趣的故事吸引对方，而是让彼此清楚，我们属于同一个群体（并且在某种程度上，拥有一些有意义的共同点）。你可以自由采纳以下建议来取得更好的效果。

让人快速获得归属感的十八条建议

1. 对别人好得超出他的想象。

2. 当一个好的倾听者，善于通过提问鼓励对方继续诉说，例如"还有吗？""你觉得为什么会这样？""换作是你，你会怎么做？"

3. 提出问题后，认真聆听对方的回答。

4. 为交流注入活力。

5. 不要问对方需不需要帮助，直接伸出援手。

6. 在别人试图活跃气氛时报以笑容。

7. 谈话前一定要把手机放在一旁。

8. 谈话时忽略收到的短信和电话。

9. 谈话时不要把目光投向身边路过的人。

10. 创造和对方一起犯傻的时刻（即使只是傻笑）。

11. 向对方强调你喜欢他哪一点。

12. 详细描述对方做过的让你喜欢的事。

13. 如果你在做一件有趣或有意义的事时想到了某个人,事后一定要告诉他。

14. 分享你认为对方可能会感兴趣的知识。

15. 讲一些不对任何人造成伤害的笑话。

16. 在对方分享发生在自己身上的怪事或不寻常的事时,保持开放的心态。

17. 讲一些让别人好奇的事,比如你渴望或嫉妒什么,你为什么而哀悼或后悔,你的梦想是什么。

18. 如果对方让你产生了积极情绪,要在当下或随后有所表示。

除了给予包容和归属感,不要忘记满足你的盟友对独特性的需要。你应该明确对提出异见的行为表示欢迎,这样群体成员才会有勇气这么做。你要肯定异议的价值,提醒人们异见者的存在降低了群体计划不周的概率。正是因为他们提出了独特的见解和新颖的想法,群体才能有更好的表现。因此,不要只是在门口为异见者铺上一块印着"欢迎光临"的地垫。你要积极探寻每位成员为群体带来的独特价值,这样才能把异议的力量常态化。你要向每位成员提出如下问题,并且通过这种提问来构建群体文化:你读过哪些多数人没读过的书？你产生过哪些异于常人的观点和想法？与其他同性别、同种族、同年龄、同政党的人相比，你的观点、理念和价值观有何不同？

鼓励人们思考自己和群体其他成员的不同之处，能够促使他们打破常规，完成自己的使命[6]。此外，鼓励人们做出微小但明显的异常行为也是一条不错的策略。想象一下往日西装革履的硅谷首席执行官（CEO）穿着蓝色牛仔裤和棉质卫衣出席参议院听证会。再想象一下哈佛商学院的女教授在上课时身穿剪裁考究的昂贵套装，脚上却略带挑衅地搭配了一双红色匡威帆布鞋。要鼓励大众表达自己对音乐、书籍和播客的独特偏好。让人们养成在决策过程中寻求多样化思维的习惯，最终形成一种文化。

要点提示

为了促使人们结成联盟，必须关注个体的心理需求。如果既能使每位成员的归属感得到满足，也能足够尊重其独特性，我们就可以帮助他们发展进步，从而维持他们为联盟做贡献的兴趣。但是，达成这种平衡不意味着一劳永逸。你必须不断维系平衡，换句话说，你要时刻关注个人行为、群体规范和群体表现的变化。

勇敢地驶向无人之地

年长一点的读者可能还记得电视史上那个至关重要的时刻："企业号"星舰上，英俊的柯克舰长和美丽的乌乎拉中尉深情一吻。那一年是1968年，在《星际迷航》这部电视剧中，两位演员——白人威廉·夏特纳（William Shatner）和黑人尼切尔·尼克斯（Nichelle Nichols）——跨越种族的鸿沟，勇敢地演出了电视史上著名的一幕。今天，大多数美国人对跨种族的亲吻早已习以为常。但是在当时，非裔民权运动的烈火正熊熊燃烧，这一举动是相当具有挑衅性的。一年前，美国最高法院才在一场质疑异族通婚合法性的案件中判定南方的16个州败诉。因此，这部电视剧很有可能遭到观众的抵制，尤其在南方。

那么，两位演员是如何鼓起勇气留下这个荧幕之吻的呢？对夏特纳来说，他受到了朋友们的鼓励。《星际迷航》的创作者和制片人吉恩·罗登贝瑞（Gene Roddenberry）也很看重这个吻。而对尼克斯来说，她名气没那么大，又是一名黑人女演员，因此面临着更大的风险。但是，连马丁·路德·金（Martin Luther King, Jr）这样的人物也建议她出演这个角色，并且保留与柯克船长亲吻的片段。（谁能拒绝一个穿着充满未来感的紧身制服的男人呢？）下面是她对那次谈话细节的回忆：

他说:"你不能弃演。你明白吗?这是上天注定的……你从此改变了电视剧的面貌,因为这不单是个黑人角色,也不单是个女性角色,并非谁都可以来演。这个空缺可以由任何肤色的任何一个男人或女人来填补,甚至连克林贡人或者外星人也可以……这是一个独一无二的角色,出现在了独一无二的时刻,象征着我们对生活的追求:平等。

"而且,尼切尔,你对电视的力量还一无所知。这部剧的男主角为我们呈现了23世纪的生活,他创造了一种现实,并且,你演的这个角色是23世纪一艘星舰上的总通信官,也是四把手,正要驶向先前从未有人踏足过的地方执行为期5年的任务,这意味着我们今天所做的一切只是开场,序幕才刚刚拉开。你不能弃演。况且,《星际迷航》是我和妻子科雷塔唯一允许孩子们熬夜看的电视剧。我不能回去告诉他们你不演了,尼切尔,你是他们的英雄。"

颠覆现状令人心力交瘁,更不必说还要投入大量其他资源。如果有朋友在身边督促和支持我们,倾听我们的恐惧和忧虑,分担我们的痛苦,一切肯定会容易许多。我们不仅能取得更大的成就,还会因为收获友谊而感到更开心、更满足。但是,尽管朋友对有原则的不服从者至关重要,他们也只能发挥有限的作用。不服从者自己必须参与其中。那么,明知自己面前是一条漫长而曲折的道路,充满不确定性,你该如何调节自己的心态呢?答案就是利用有效的科学策略，培养老生常谈但确有其用的品质——韧性。

核心建议

❶ 找一些盟友当助手。身边有人与你在技能、长处和观念上互补时，如同锦上添花，你也可以在打破现状时省点力气。

❷ 通过暴露自己脆弱的一面与盟友建立信任。信任出现在我们和他人共同经历逆境的时候。如果你想招募盟友与你共同完成一项事业，那么不要畏惧困难的挑战，也不要害怕分担对方的痛苦。共同经历的痛苦就是社交中的黏合剂。

❸ 创建联盟时，必须考虑到成员内心出现的两种相对立的心理需求。既要让他们获得归属感，也要让他们感觉自己的独特性受到了尊重。要让他们清楚地知道，理想的成员是那些提出异议让群体变得更好的人（而非一味服从的人）。时刻关注这两种心理需求，实际上是在为群体成员注入动力，激励他们做出自己独特的贡献。

第六章
磨砺意志
如何消化负面情绪和被拒绝的痛苦

CHAPTER 6

　　我们在前文中已经讨论过不服从的困难程度，如果你还想深入了解不服从需要消耗多少纯粹精神力量，那么有必要和玛莎·戈达德（Martha Goddard）谈谈。在20世纪70年代，许多美国警察还不知道如何对待前来报案的强奸受害者。警方非但没有为受害者提供庇护，还打发他们离开。他们处理物证的方式也简单粗暴，甚至可能会妨碍案件的调查。例如，在调查时，警察会用剪刀剪开受害者的衣服，造成证据的污染。调查人员还可能不慎破坏从嫌疑人的头发、汗液和精液中提取的脱氧核糖核酸（DNA）样本。留下受害者的衬衣和内衣后，警方仅给其一件用纸袋做的外套蔽体，然后开警车送她回家，这无异于向受害者所在的整个社区广播这一事件。医院急诊室对受害者的态度也好不到哪里去，称得上冷酷。因此，许多女性建议自己的朋友，即使遭遇了强奸，也不要去警察局或医院，因为那只会造成更多的创伤。

　　戈达德的工作是为无家可归的青少年提供帮助，作为一名一线工作人员，她听闻了许多强奸受害者在法律和医疗体系中遭受不公正对待的故事,桩桩件件都令人心碎。因此,她采取了一些行动。迪恩·基尔帕特里克(Dean Kilpatrick)博士是当时一位积极为强奸受害者发声的临床心理学家,他告诉我,1976年,戈达德"与执法部门、多位检察官和医学专家合作,共同设计了一个标准化强奸取证套盒(rape kit)[1],旨在以标准化方式收集证据,同时照顾强奸受害者的需求"。套盒内包含收集毛发用的梳子,取出指甲缝内物质用的指甲钳,收集体液用的无菌棉签,采集血样用的塑料试管,以及若干用来储存衣物等证据的塑料袋和信封。强奸取证套盒的优点在于"在检查开始前就准备好了收集证据所需的全部工具……这些工具对缺乏经验的工作人员起到了提示作用"。1978年,《纽约时报》一篇文章指出,这个套盒是"伊利诺伊州为强奸犯定罪的有力新武器"。

有用归有用,但强奸取证套盒实际上并没有受到广泛欢迎。相关负责人态度消极:戈达德有什么资格教他们如何工作?为了说服警察和医疗工作者使用套盒,戈达德一家家地走访警察局和医院,休息日也不曾停下脚步。她还试图筹集资金来扩大影响引起广泛关注,替受害者发声,但是偌大的芝加哥竟没有人愿意打开自己的钱夹。当然,除了你最意想不到的那个人:花花公子集团的创始人休·海夫纳(Hugh Heffner)。不管你对他评价如何,事实是,他通过公司的非营利机构——花花公子基金会——捐了1万多美元。他还开放了自己的办公场所,让戈达德招募的志愿者建起一条强奸取证套盒装配线。然而,此举惹怒了视海夫纳为敌的群体。"我受到了他们的猛烈抨击——这很不幸,"戈达德说,"天哪,我被批得体无完肤。就因为《花花公子》?拜托,让我喘口气吧。"

日复一日,戈达德为强奸受害者伸张正义的不懈努力终于得到了回报。到1978年底,芝加哥地区大约已有20多家医院在使用强奸取证套盒。到1980年,套盒已经推广到了全美的数千家医院。警方、侦探、医疗专家和检察官利用这一能够保存DNA的综合工具盒建立起一个数据库,把套盒收集的证据和因犯罪活动被捕的嫌疑人进行匹配。"玛莎·戈达德是反强奸运动中真正的先驱者,"迪恩·基尔帕特里克博士如是说,因为"根据许多受害者的描述,先前的强奸取证检查造成的伤害不亚于强奸本身。而套盒使检查人性化了,并且能有效收集证据,有利于确定嫌疑人和刑事起诉[2]"。在评价戈达德所作所为的影响力时,他指出:"玛莎有足够的勇气和毅力,不顾反对,坚持做成了这件非常重要的事,她应该得到最高的赞誉。"

如今在美国,起诉强奸罪仍然不是件容易的事,选择报案的受害者不足1/4。但是,如果戈达德没有坚持到底,没有年复一年地奋力抗争,没有一家家走访警察局和医院,也没有敲开休·海夫纳办公室的门,那么今时今日,强奸受害者依然遭受着不公正的对待。要记住,在戈达德所处的时代,"约会强奸"和"婚内强奸"等术语还不存在,此类行为更不可能被起诉。那时,警方、检察官甚至法官都在为强奸辩护,戈达德竟然在这种残酷的环境中坚持了下来，即使偶尔想放弃或退缩，仍然抗争到最后一刻。那么，像她这样的人是如何做到的？换作是你，作为一名不服从者，你该如何在承受迫害、排挤、孤独和意料之外的挫折造成的心理痛苦的同时，勇敢承担风险，长期坚持自己的事业？

近几十年来，几乎所有的心理干预措施都建立在同一种假设之上：应对痛苦的最佳方式是使它最小化。如果你是个在逆境中挣扎的不服从者，去看心理医生或接受其他心理干预时，肯定希望能获得某种释放，让你重新回到正轨。但是近来，又有心理学家认为，试图减少痛苦会造成更大的痛苦。正如他们所说，痛苦是一种人类体验，本质并不坏。真正坏的是人对体验痛苦的回避和抗拒。截止日期临近时，我们一边担心，一边拖延症发作，甚至刷起了社交软件。伤心或孤独时，我们通过暴饮暴食来安慰自己。因悔恨而痛苦时，我们长时间沉溺于过去，白白浪费了当下的时间。很多时候，我们应对痛苦的策略在当时看来可能确实有效，但是会导致我们离理想的生活越来越远，随着时间流逝，反而造成更多痛苦。

那么，我们要如何学会忍受痛苦，不被它拖垮呢？其中一种有效的策略是提高科学家所说的"心理灵活性"（psychological flexibility）。坏事发生时，心理足够灵活的人不会恐慌到崩溃的地步。相反，他会采取措施迅速恢复过来，再度出发。他能及时从痛苦中抽离，继续追寻自己的目标。你可能会想，这听起来真不错，那么我要怎么样才能变成这种人呢？我很高兴你提出了这个问题。

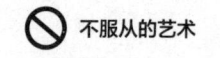

> **要点提示**　为了提高对痛苦的承受力,你需要锻造新的秘密武器:心理灵活性。

使用心理灵活性仪表盘

可以用来提高心理灵活性的一个强大工具就是——听好了——心理灵活性仪表盘(psychological flexibility dashboard)[3]。该"仪表盘"综合了多种科学策略,形成了一个简明的四阶段反思过程,能够帮助你有效应对作为不服从者不可避免要经历的困境。情绪发生剧烈波动时,你可以利用该"仪表盘"分解这段经历,处理潮水般涌来的痛苦,避开无效的应对方法,进而激励自己勇敢地采取行动。明白了短期困难的意义之后,你将重新蓄满能量,转而追求更大的目标。

简要版"仪表盘"如表6-1所示:

表6-1

(阶段二)"我正在经历哪些负面想法、情感、记忆和躯体感觉?"	(阶段一)"哪些人和事对我来说意义重大?"
← 逃避痛苦	寻找意义 →
(阶段三)"为了减少、避免或控制负面心理内容,我正在做哪些努力?"	(阶段四)"为了实现自己的价值,我正在做或者能够做什么?"

"仪表盘"的核心是意识到陷入情感困境时，你可以朝着两个基本方向移动。当你在反对、背离或挑战现状时朝着"寻找意义"的方向移动，你其实是在提醒自己，要时刻铭记你的目标。也许你正在寻求社会变革，也许你想要获得自主感或独立感，也许你正在找机会实现创新。无论你的目标是什么，你都认为它对你足够重要，足够有意义，值得你为它做出短期牺牲。当你朝着"逃避痛苦"的方向移动时，说明你意识到了自己承受的巨大压力，迫切想要控制心里产生的所有负面想法和情绪。每个方向各对应两个问题，思考并回答这两个问题可以帮助你更有效地进行自我调节。思考和回答这两个问题的能力越强，面对困难时你的心理灵活性也就越强。心理灵活性是种子，能结出名为韧性的果实。接下来我们将逐一分析这四个阶段。

阶段一："哪些人和事对我来说意义重大？"（提醒自己你为什么而抗争）

明确自己的使命及其道德基础使你能够踏实地前进，承受比以往更大的痛苦。当你明确自己要达成的目标后，别人的冷嘲热讽对你来说便没那么重要了，因此你更有可能自信地走自己的路。（一项有趣的研究发现，目的感强的人比较不在意他们在社交媒体上发自拍后收到的点赞数）哪怕你的身体表现出恐慌症发作的症状（心跳加速、颤抖、喉咙发紧等），你的大脑命令你遭到嘲笑时必须感到害怕，或者你有充分的理由担心自己可能会失业。但只要目标明确，你就能坚定地专注自己的事业。相反，如果你在行动时游移不定，找不到方向，也不能明确自己的核心信念，那么你就很难利用自己的优势、技能和盟友，导致问题最终无法解决。

为了帮助自己鼓起勇气渡过难关，不妨先问问自己为什么选择抗争。回想一下，是什么样的信念为你指明了方向，激励你站出来提出异议。戈达德曾说过："我向性侵事件发起抗争是因为我受够了看到强奸受害者，经历所有那些痛苦，而嫌疑人却总是逃脱罪责[4]。"她渴望正义，她坚信受害者需要发出自己的声音，她希望生活在一个男性和女性受到法律公平保护的国家。这些都是她的个人愿望。正如她所说："我知道，我必须透露自己曾遭遇性侵的事实。我早已厌倦把它当成什么巨大的秘密来保守，现在也一样。回忆那段过去令我痛苦不已，但是这么做能帮到更多的强奸受害者。"把自己的痛苦当作帮助他人的跳板，这对个人而言不仅意义非凡，也是一种治愈。她努力让社会对女性更加友好。这个目标不断为她注入动力，回顾自己的目标让戈达德在挑战现状时意志更加坚定，帮助她克服了重重困难。

你可以取出一张白纸，列出以下内容：①对你来说最重要的人和事；②现阶段人生中，你的详细目标（对戈达德来说，是帮助强奸受害者获得体面的对待和正义）；③隐含在你的目标中的核心价值观。花点时间认真思考这几个问题，尽可能完整地做出回答。然后把你的答案当作护身符一样随身携带，放在钱包里或者设置成手机壁纸都是不错的选择，它会时刻提醒你，为什么原则性不服从值得你为之付出努力，经受痛苦。以下练习有助于拓展思路，帮助你更好地回答上述三个问题。

明确对你而言重要的人和事

1. 你最想感谢的人是谁？仔细想想他如何帮助你，如何成为你的榜样，他强化了你的哪一部分自我？

2. 你认识的人中最聪明的是谁？仔细想想你最欣赏、最想效仿他的哪个方面？

3. 你人生中最主要的目标是什么？

4. 什么给了你底气？想想让你在工作、社交、娱乐和生活中取得不俗成绩的是哪些能力？每个人都有自己的优点。找出你自己的优点。

5. 如果魔杖一挥，你所有的不安全感都会消失，你会做哪些原来不会做的事？

6. 如果你有取之不尽的财富，你会做哪些原来不会做的事？

7. 假如你能够实现任意一个愿望，你会许什么愿？为什么？

8. 生命走到尽头时，你希望人们因为什么而记住你？

🚫 不服从的艺术

提高自我认识的价值取舍问题

1. 以下哪一项最让你难以接受？

　　_____父母去世

　　_____兄弟姐妹去世

　　_____配偶去世

2. 如果你必须放弃一样东西，你会选择以下哪一项？

　　_____经济自由

　　_____宗教自由

　　_____政治自由

3. 你最不想成为以下哪种人？

　　_____近距离朝敌人射击的步枪手

　　_____从飞机上向敌方村庄投掷汽油弹的投弹手

　　_____被自己的社区公开称为懦夫的人

4. 你最不想经历以下哪一项？

　　_____贫穷

　　_____生病

　　_____毁容

5. 你会选择以下哪一项？

　　_____度过短暂而有影响力的一生，然后平静地死去

　　_____度过漫长且无影响力的一生，然后平静地死去

_____度过漫长而有影响力的一生,然后缓慢而痛苦地死去

6. 你认为用以下哪种方式度过余生最痛苦?

_____什么都记不住

_____什么都忘不了

_____一遍又一遍地循环某一段记忆

7. 你最不喜欢以下哪种类型的伴侣?

_____花钱大手大脚的伴侣

_____经常打断别人发言的伴侣

_____非常邋遢的伴侣

8. 以下哪种学习方式对你来说最有效?

_____自主阅读和学习

_____听讲座

_____与他人讨论

9. 你认为友谊中最重要的是什么?

_____诚实

_____慷慨

_____忠诚

10. 你最喜欢以哪种方式度过星期六?

_____独自参加一项你热衷的活动

_____和你爱的人一起做一些你并不在意的事

_____和熟人一起做一些新奇有趣的事

> 11. 你最尊重别人的哪一点?
>
> _____ 智慧
>
> _____ 善良
>
> _____ 幽默
>
> 12. 如果不会产生负面影响,你最有可能放弃以下哪一项?
>
> _____ 吃
>
> _____ 睡觉
>
> _____ 锻炼
>
> 13. 你最不喜欢以下哪一项?
>
> _____ 余生都被困在一个房间里
>
> _____ 余生都不被允许进入室内
>
> _____ 你可以去任何你想去的地方,但是一年中只有一半时间可以见到你爱的人

阶段二:"我正在经历哪些负面想法、情感、记忆和躯体感觉?"(直面你的不适感)

明确了提出异议的动机之后,是时候挑战自己,记录你所经历的不愉快和负面情绪了。你要让自己明白,为什么你能从磨砺意志中获益。假如你是玛莎·戈达德,因为与休·海夫纳的合作而受到抨击,你可能会产生以下各种情绪:震惊、担心、恐惧、内疚、

沮丧、愤怒、怀疑、无助、失望。你可能会陷入挫败的旋涡,对你自己、你的人格、你的人际关系的质量、你的前途等产生怀疑。你的身体也会表现出痛苦的迹象和症状——口干、心跳加速、呼吸短促、手心出汗。一旦遇到这种情况,无论多么痛苦,你要做的就是尽量完整地描述你的体验。很多人发现,这么做会让他们感到一种奇妙的释放。当你将你强加给自己的心理折磨表达出来后,你受到的折磨就会减弱。相反,当我们因为挑战传统思维而感到痛苦时,选择压抑它[5],我们的能力就会变得更弱,效率也会降低。

身处逆境时,把自己的体验描述得越详细越好。根据我的研究,我们的情绪千变万化,要定期识别和标记自己所经历的情绪是非常困难的,因此掌握"情绪标记"(emotion labeling)的技巧极其有用。在一项研究中,我和同事要求参与者用掌上电脑记录他们在日常生活中体验到的强烈负面情绪。我们发现,当参与者善于标记自己感受到的特定情绪时,他因压力大而酗酒的概率比不擅长标记的参与者低了40%。在其他研究中,我们还发现,受过情感伤害的人和善于区分不同负面情绪的人采取口头或肢体报复的可能性分别低了20%(其中一项研究的结果)和50%(另一项研究的结果)。还有一项研究发现,能够把自己两周内的情感变化完整描述出来的人更善于应对他人的拒绝。在电子游戏世界中,无论受到陌生玩家的欢迎还是拒绝,他们大脑中与心理和身体疼痛相关的区域(脑岛和前扣带皮质)表现出了相似的激活水平。这意味着如果你能有效标记自己的情绪，你在生活中遇到压力时就会更平静，本不想经历的心理痛苦也显得没那么烦人了。如此一来，你就可以更好地决定下一步该做什么。

研究表明，提高人们有效标记自己情绪的能力，能够增强他们的韧性。在一项研究中，研究人员训练害怕蜘蛛的人准确标记自己看到蜘蛛时的情绪，例如，"我面前有一只丑陋的蜘蛛，我感到恶心、紧张，同时又有一些好奇"。结果发现，比起那些被教育遇到挫折要转移注意力或保持积极心态的人，能够准确标记自己情绪的参与者与蜘蛛进行接触的时间更长，他们的内心也更加镇定。一周后，经过训练的参与者已经可以熟练描述他们的感受，这时无论感到多么恶心或害怕，他们都能够妥善应对压力。

对不服从者来说，情绪标记能够带来许多具体的好处。第一，标记过的情绪更易于管理。你可以管理或者利用你所感受到的情绪，使它服务于你想要达成的目标。例如，在法律诉讼中，愤怒这种情绪可能会使你在发言时音量更大，更加抑扬顿挫，也更自信。对于容易焦虑的人，标记情绪能够减少他们的恐惧。第二，用语言描述你的感受，这个行为本身就传达出了关于当下情况的信息，并且有可能为你的下一步行动指明方向。第三，如果你有足够的能力管理好紧张和痛苦等情绪，也许你就不必再投入精力去控制自己的情绪。相反，你可以用节省下来的精力去追求生活中更有意义的事物。我的研究团队发现，需要投入精力控制情绪的退伍老兵体会到的幸福和意义更少。同时，他们在重要目标上投入的努力和取得的进步也更少。如果你不再担心自己会感到担心，你就会有更多的额外精力去处理与原则性不服从有关的具体任务。

了解到不服从行为可能造成的各种心理和身体伤害后，除了描述你的感受，其他什么都不要做。那么，你可以用哪些词来进行描述呢？描述情绪时，你的措辞要尽量准确，之后再遇到大大小小的挫折时，记得重复这个过程。你可以参考以下列表。如果不清楚某些词的确切含义，可以借助字典。标记情绪的能力并非与生俱来，但是你可以通过学习和练习来掌握这项技能。只要愿意学习，你就会变得更坚强，你的专注力和效率也会得到提高。

请注意，对于特定情绪的不同程度，可以用不同的词来描述，比如愤怒（用粗体表示）、担忧（用下划线表示）和伤心（用着重号表示）。扩充你的词汇量，这样你就可以根据感受到的情绪的类型和强度，选择更准确的词，进行更详细的描述。

A

懊悔　懊恼　哀愁

B

报复　**暴怒**　**暴躁**　悲惨　悲哀　悲伤　悲痛　不安　不开心　<u>不自在</u>　不知所措　被遗弃　被辜负　被无视　被歧视　被拒绝　被冒犯　鄙视　不悦

C
仓促　脆弱　挫败

D
担忧　担心　敌意　丢脸　妒忌

E
恶心　恶意

F
烦恼　**愤怒**　**愤慨**　愤恨　**疯狂**

G
尴尬　孤独

H
害怕　害羞　后悔　怀疑　幻灭

J
嫉妒　惊慌　惊恐　惊讶　焦虑　焦躁　紧张　紧绷　极度痛苦　沮丧　绝望

K
空虚　苦涩　**狂怒**　恐怖　恐慌　恐惧

L
冷漠　怜悯

M
麻木　闷闷不乐　迷惑　蔑视

磨砺意志
如何消化负面情绪和被拒绝的痛苦   第六章

N
恼怒　内疚

P
疲惫　疲倦

Q
轻蔑　<u>屈辱</u>

R
柔弱

S
思乡　伤心　失望　疏远　**盛怒**　受害

T
痛苦　同情

W
无望　无聊　无助　无力　<u>畏惧</u>　委屈

X
<u>心神不宁</u>　心不在焉　羞辱　羞愧　羞耻　**歇斯底里**　嫌恶

Y
压力　厌恶　<u>忧虑</u>　犹豫　忧郁　抑郁　怨恨　**义愤填膺**

Z
<u>糟糕</u>　自卑　憎恨　折磨　震惊　**震怒**

109

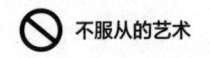

阶段三:"为了减少、避免或控制负面心理内容,我正在做哪些努力?"(了解你自己的应对机制)

为了避免重复经历前一阶段中不愉快的想法、情绪和感受,记录你当下正在做的事情非常重要。你惯常的反应可能帮不了你,甚至会伤害到你。一直以来,人们都习惯于忽略不想要的想法。一旦这种想法产生,我们就会压抑它,纠正它,用积极的肯定来替代它,或者找其他事情来分散自己的注意力。如果玛莎·戈达德因为无法忍受推广强奸取证套盒带来的焦虑,决定分散自己的注意力,她可能会花两个小时看一场电影,或者花十分钟吃一杯圣代冰激凌。但是一旦想起芝加哥积压待办的强奸案,她的痛苦可能马上又回来了。那接下来该怎么办呢?

和许多人一样,我自己也在用种种毫无益处的方法应对痛苦。我长期接受药物治疗,甚至有时会吃过量的药。我喝太多酒。我心不在焉地看电视来转移自己的注意力。我强迫自己想些别的事情。我逃避社交。我过度锻炼身体。我故意找借口和陌生人或亲人吵架。我在互联网上随意攻击别人。我用工作麻痹自己。我躲在家里,对朋友和家人避而不见。我朝孩子们大吼大叫。我拒绝和妻子沟通。我对一切说"不",整日无所事事。我听一整天的音乐或播客以避免思考。

现在,拿出一张纸,(为你自己)列出你最喜欢的应对机制

磨砺意志 第六章
如何消化负面情绪和被拒绝的痛苦

（coping mechanisms）。然后想一想，这些机制对你来说有用吗？如果它们确实能够减轻你当时的痛苦，那么能保证之后不造成问题吗？

除了你列出的那些机制和其他常见的应对策略，下次不妨试试另一种方法——"认知解离"（cognitive defusion）。这个名字听起来有点浮夸，但是请耐心听我说完。认知解离是心理学家提出的一种方法，独自在家也可以轻松完成，并且已被证明能有效减少负面想法和感受对你的影响[6]。练习认知解离就是练习把自己从当下的想法和感受中抽离。如果你能在两者之间拉开一段心理距离，也就意味着你成功地把它们从你对自己的认同中分离了出去，那么你就可以更客观地看待自己的想法和感受。如果把我们的情绪和想法比喻成一块块的馅饼，那么认知解离就把我们从烘焙大赛的裁判变成了被给予试吃机会的现场观众。比赛结果与我们无关，因此我们会注意到酥脆的馅皮与温热的苹果馅相碰撞的口感，以及过量的肉桂令舌头产生的刺痛感（你感到饿了吗？）。你不会因为馅饼做得不好吃而沮丧。你只是在观察，而观察这种行为抵消了情绪本身的力量。

有助于我们从自己的思想和感受中分离出来的方法有几十种，其中一种是将自己的思想和感受外化，使我们能够像对待物体一样对待它们。在一项研究中，研究人员要求参与者回忆曾经令他们感到非常痛苦的负面评价（例如"胖""丑""毫无吸引力""无

111

趣""不值得被爱""没有朋友"等），然后把它们写在纸上，或者大声读30秒到60秒。随着参与者看清楚这些丑陋想法的本质——只是想法，并不是现实的反映——他们会越来越不在意这些想法，自然也就不那么为它们而烦恼了。只要坚持练习，这种效果会一直延续下去。更酷的是，他们会越来越觉得这些想法并不可信。参与者在纸上写下自己的负面想法后，研究人员会要求他们把纸撕成小碎片，直到辨认不出纸上的字，然后扔进垃圾桶。多项研究表明，仅仅是把不想要的想法和感受物化，就足以从现实和隐喻意义上摧毁它，削弱它的影响。

以下是其他一些方法，可以用以把你自己从你的身份认同中分离出来，减少负面想法和感受的影响力。

（1）把你的大脑当成一个独立的生物。这并不是说我们要相信大脑不属于我们了，而是当我们把大脑仅视为一个产生观点的机器时，能够产生强大的心理作用。你要养成习惯，每当负面想法在大脑中形成时，就用描述性语言与之对话。你可以开玩笑，也可以严肃一点。比如，"小脑瓜，谢谢你啊，今天早上一点忙也没帮上。"你可以这样提问，"大脑，你觉得这段话对读者来说够不够有说服力？"大脑产生想法时，可以用这样的短句给予反馈，"好主意！""这个想法很新颖"或者"直击要害！"这类练习有助于拉远你的思想和你这个思考者之间的距离。

（2）给故事取个名字。有些由来已久的想法已经变得枯燥乏味，你可以给这些故事贴上标签。比如作为一个纽约人，我说话特别快，以至于人们经常要求我放慢语速。我对此有点难为情。这就是我的"语速恶魔故事"。再比如，我身上有很多痣、胎记和褐斑。多年来我一直感到自卑，从没有在别人面前脱过衬衫。我给它取名"巧克力碎片故事"。给你的负面想法取个名字，拿它开开玩笑，这样它的刺就会软化，减少对你的伤害。

（3）切换到侦探模式。我们在和自己对话时，很少停下来问一问到底是谁在和我们说话？他的生理性别和社会性别分别是什么？他属于哪个种族？他多大年纪？产生负面想法时，不妨把这当成一场寻宝游戏，找出上述及以下问题的答案。你脑海中的声音听起来怎么样？到底是谁在说话？声音是从哪里发出来的？声音在移动或变化吗？这个声音接下来会说什么？你要对自己的想法表现出一定的好奇心，提醒自己你并不是脑海中出现的那个想法，因为你注意到了事情的发生。你不可能既是事情本身，又是这件事的观察者（除非我们在玩量子物理游戏）。

（4）修改思维机器。你的大脑是个话匣子，它几乎一直在说话。如果你能改变自己和大脑语言之间的关系，你就能更好地活在当下，做你最在乎的事。首先，改变它的声音。选择你最喜欢的电视角色，想象你的大脑在用他的语言风格说话（比如我喜欢《瑞克和莫蒂》中的莫蒂）。其次，改变它的呈现方式。你可以想象你的脑海中有一块电子滚动屏幕，随时播放你的想法，就像新闻网站顶部滚动播报突发新闻的横幅一样。或者用艺术字体（我比较喜欢圆润的泡泡字）把你的想法写在索引卡上。你还可以想象树叶漂浮在河上，然后把你的负面想法放在树叶上，看着它漂向远方。同样，也可以在想象中把你的想法放在云上，看着它慢慢被风吹走。随着实验不断进行，你逐渐确定想法是如何通过你的五感呈现出来的，它们对你的行为的影响力就会逐渐减弱。当你学会把负面想法平常化时，它们便不能再将你绑架，使你脱离当下的生活。

我要再次强调，认知解离的重点不是帮助你逃避负面想法和感受，或者最小化它们的影响力。相反，它的目的是让你体验消极想法，由此获得面对逆境的勇气。1963年，著名存在主义心理学家罗洛·梅（Rollo May）曾在其不朽的名篇[7]中写道："自由指的是一个人有能力确定自己是选择的主体，有能力在刺激和反应之间做出停顿，使得他有机会把自己的力量——无论多么微弱——投入到几种可能的反应中特定的一种……我认为，心理健康就是能够意识到刺激和反应之间的间隔，并且能够建设性地利用这段间隔。"

阶段四："为了实现自己的价值，我正在做或者能够做什么？"（抓住机会）

到目前为止，你已经重新明确了自己的使命，认识到了自己的负面想法和情绪，并且与错误的情绪处理方式彻底决裂，接下来只差最后一步：把你的雄心壮志付诸行动。这将指引你走向有意义的生活。迈出这一步，意味你拐了个急转弯，重新开始树立一个英勇的自我形象，无惧这一路上将遇到的许多心理障碍。你选择为建设更美好的社会做贡献，而不是一次又一次试图逃避痛苦。为了推动对你而言有着特殊意义的社会变革，你要如何直面对手的抨击和诋毁？你究竟会成为什么样的人？现在就是你做出决定的时刻——然后开始践行。

首先，你要仔细观察目前你正在做的事，确定让你在情绪极度紧张的情况下也能获得满足感的究竟是什么。对玛莎·戈达德来说，是她在逆境中保持体面的能力。正如她所说："我认为最重要的策略是不要谩骂。与此同时，要友善，可以适度优雅。保持一只脚在体制内，一只脚在体制外，这样你就可以自由行走，左右上下前后都没有阻碍。"对其他人来说，这种能力可能是遇到问题时主动寻求他人的意见，善于获取新知识和智慧，乐于分享知识以造福他人，能够通过锻炼以及调节饮食和睡眠改善健康状况，记录学到的经验[8]和特殊时刻，能够真诚地道歉，或者愿意花时间与朋友联系，无论顺逆境都不离不弃。

思考如何实现自己的价值时，一定要真诚。不要依赖于你向陌生人介绍自己时惯用的那些肤浅的描述。事实上，如果你能够暂停一下，把你心目中真正的"你"[9]和你在公众面前塑造的那个形象分开，这将提供许多帮助。想象你在一个荒岛上，身边空无一人。这时你会听什么音乐？读什么书？看什么电影？什么话题会引起你的兴趣？如果没有人在听，你将如何向自己定义自己的身份？

一旦想清楚了要如何实现自己的价值，考虑到你当下正在进行的活动，你要如何制定目标来让接下来的几天或几周过得有意义？我们可以称这个目标为"奋斗动力"，也就是我们"试图"现在就做，或者计划在未来继续完成的事情。例如，我们可以把"努力提出更有说服力的论点"作为一个奋斗动力，但是我们并不一定要每天或每周都在这方面取得成功。

我们可以把奋斗动力定得宽泛一点（例如"尝试把自己的爱好变成事业"），也可以定得具体一点（例如"为了做全职艺术家而寻求经济资助"）。我们既可以从积极的角度，也可以从消极的角度来解释奋斗动力，它们可能代表着我们想要获得或保留的东西，也可能代表着我们想要避免或阻止的东西。例如，你的目标可能是吸引别人的关注，也可能是避免引起别人的注意。

要注意，用奋斗动力而非"友好""聪明"或者"诚实"这类形容个性的词来描述自己是一种很酷的自我介绍方式。暂时忘记这些形容词，专注于你目前正在做，并且想要继续做下去的个人项目，随时把新想法记在笔记本上。仔细思考你在日常生活中最看重什么东西，试着写出6条以"我要努力……"开头的奋斗动力。不要在心里拿你和别人的奋斗动力做比较。即使暂时没有人注意到你达成的成就，也不要放弃自己追求的目标。就像在严苛的环境中详细描述自己的确切感受对你有好处一样，把你的生活分解成一个个明确的奋斗目标也将使你受益。

从现在起，考虑一下当你接受了痛苦，并且能够用符合你的核心价值观的方式行事，你会是什么感受？你想做什么？你想成为什么样的人？当你不再逃避痛苦，转而开始寻求意义时，你在任何情况下都能达成许多成就。朝着积极的方向转变自己的行为，你便可以走得更远。我和同事在研究中发现，即使是患有严重社交恐惧症的成年人，当他们努力朝着积极的方向转变自己的行为，或者追求具有个人意义的奋斗目标时，他们也能像其他人一样感受到自己的价值。他们在日常生活中体会到的意义感上升了19%，体验积极情绪的次数增加了14%。与此同时，他们体验负面情绪的概率下降了10%。

为了坚定你实施原则性不服从的决心，不妨把你的计划分享给同事。这一策略适用于我们想要实现的各种个人目标。在一项研究中，324名体重超标且久坐不动的成年人参加了一项为期16周的"互联网介入的步行运动"项目。结果显示，如果参与者能够把自己的目标、投入的努力和取得的进展发到网上论坛，他们坚持完成整个项目的可能性就会提高13%。

分享奋斗动力的对象很重要。如果你想在追求与你的使命息息相关的个人目标时有最佳的表现，那么一定要确保你的分享对象中有一位你十分尊敬和钦佩，并且愿意听从他的意见的人。相反，把你的任务计划分享给你认为地位比较低的人是没有用的，把你的目标记在充满私密想法的秘密笔记本上也没有用。在下一章中我们将看到，我们非常在乎是否给他人留下了正面的印象，没能达成目标时，我们也很担心别人对我们的看法。这种担忧促使我们为寻求意义付出更多的努力。焦虑就是力量。因此，你要精心组建起自己的部落，并且通过向盟友公开自己的计划来展现你的决心。只有了解到我们的决心，我们的盟友才会对我们产生助益。

为了在寻求意义的过程中保持较高的效率，无论是来自内部还是外部的阻碍，我们都要做好应对的准备。想想那些曾被判入狱的英勇的解放运动领导者，比如马丁·路德·金、纳尔逊·曼德拉、莫罕达斯·甘地。想想牢狱之灾为他们实现目标造成了多大的阻碍。新的一天到来之时，不仅要思考你打算为实现奋斗目标付出多少努力，也要预计可能会出现的干扰。我认为马可·奥勒留（Marcus Aurelius）的《沉思录》中的一段话对此很有教育意义：

> 早晨醒来时，告诉自己：今天我可能会遇到蛮不讲理的人、忘恩负义的人、傲慢的人、不诚实的人、善妒的人和性情乖戾的人。这是因为他们分辨不出善与恶。但是我见过善之美好与恶之丑陋，也已认识到作恶之人与我有着相似的本性——不是因为我们有着同样的血统和出身，而是因为我们有着同样的思想。因此，他们都不能伤害我。没有人能把我拉入丑恶的泥沼。我也不能对我的亲人发

怒，或者憎恨他们。我们生来就要像四肢和眼睛一样合作，像上下两排牙齿一样配合。相互掣肘不是我们的天性。对他人发怒或者置之不理，这都不是我们的天性。

仅仅是预判可能会出现的干扰还不够，你要为此提前做准备。时常问自己这个问题："哪些因素可能会阻碍我完成今天的计划，导致我不能在奋斗目标上取得进展？对此我能做哪些努力？"你要有随时可以启动的备用计划。因此，当你朝着奋斗目标前进时，一定要提前构想多条路线。简而言之，抱最大的希望，做最坏的打算。单凭积极乐观不足以帮你磨砺意志，你还需要强大的心理灵活性。最重要的是不能临阵退缩。努力去发挥你全部的潜力，在此过程中，"心理灵活性仪表盘"的四阶段问题将是你非常称手的工具。

坚持不服从

心理灵活性强的不服从者拥有一种令人羡慕的能力——不惧痛苦发表异议。他们遭受苦痛，但还是要不服从。走过"心理灵活性仪表盘"的四个阶段，相当于完成了对自己的一次重启。你将重新开始追求自己的目标，不再逃避痛苦。你借此完成了一系列复杂的任务，包括明确你的价值观（哪些人和事对我来说意义重大？）；

🚫 **不服从的艺术**

发现你所体验到的负面情绪和想法（我正在经历哪些负面想法、情感、记忆和躯体感觉？）；分析你对这些情绪和想法的习惯性反应（我要如何减少、避免或控制负面心理感受？）；确定能体现个人抱负的解决方法（为了实现自己的价值，我正在做或者能够做什么？）。你要随时记录自己的经历和体验，为过上理想的生活做足准备。通过一种常见的语言和这样一组问题来帮助你筛选心理内容，最终让你的行为有的放矢，切实可行。

这个"仪表盘"用久了之后，你的心理灵活性会得到实实在在的提高。你将学会快速告别旧的模式和偏见，采取新的、更健康的行为方式。你能够更真切地意识到自己拥有的行动自由，从而更有可能把自己的不服从想法转化为行动。这一切的关键，很简单，就是质疑。如果我们愿意重新分析自己的固有之见，我们便能够为创造力和原则性不服从开辟新的可能性。如此一来，因为开创更好的新方式而引起的情绪障碍，便不再像维持现有的想法、过程和产品那样令人不安了。

假设你已经妥善处理了自己内心的痛苦，并且一直坚持到打破现存规则，那么你就赢了！但是，在享受胜利的同时，你还面临着一个选择：你要如何对待那些失去权势的失败者？你是会吸纳他们进入自己的团队，把昔日的敌人当成同事、朋友，甚至是盟友来对待？还是排斥他们，就像他们曾经排斥你一样？

事实证明，在动态的群体中处理关系变化，其难度不亚于在艰

磨砺意志 ── 第六章
如何消化负面情绪和被拒绝的痛苦

难的战斗中一直保持满血复活的能力。感到痛苦时，人们经常主动向心理治疗师寻求帮助，但是逆流而上取得成功之后，人们很少会想到要和心理治疗师聊一聊。事实上，无论是个人还是团队，都要以健康的方式适应成功。否则，我们作为不服从者所达成的使命就有可能被打折扣。科学研究表明，我们对他人造成的伤害最终会以某种方式伤害我们自身。因此，想要不服从取得胜利，你必须了解如何赢得优雅，赢得包容。此外，你还必须克服困难，坚持你一直以来树立的人文价值观和目标。我们已经谈论过斗争引起的痛苦，现在，让我们把目光转向随胜利而来的责任，以及如何更好地履行这种责任。

──────── **核心建议** ────────

❶ 为了提高对痛苦的承受力，你需要锻造新的秘密武器：心理灵活性。心理灵活性强的人能够根据特定情景来调节自己的想法、感受和行为，确保自己的行为始终指向对自己重要的事情，无论那是什么。

❷ 使用"心理灵活性仪表盘"。通过回答四个阶段提出的问题，你可以设计出可行的方案来解决给你带来心理压迫的问题。第一，你要提醒自己为什么提出反对。第二，直面你的不适感。第三，了解你的应对机制。第

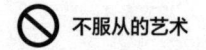

四，抓住机会。

❸ 不轻言放弃。利用"仪表盘"提高心理灵活性不是一件容易的事，但是绝对值得你为此付出努力。你要迎难而上，把自己的潜力完全发挥出来。

第七章
负起胜者的责任
成为新的多数派之后，如何避免道德伪善

许多不服从者胜利之后，就开始走下坡路，背弃自己最初的价值观，也不再履行自己的承诺。法国大革命追求自由、平等和博爱，最后却在马克西米连·罗伯斯庇尔（Maximilien Robespierre）的领导下接连将人送上断头台。通过剖析历史上大大小小成功的革命，你会发现，经过多年的牺牲，不服从者在为成功而激动不已的同时，常常会浪费了来之不易的机会，难以进一步推动或维持健康的变革。你可能会想，这一定是因为不服从往往伴随着极端主义，尤其是经过当权者的长期压迫。但是这也使我们不得不思考另一个问题：人的心理是如何加剧这种狂热之情的？

答案就是我们内心潜在的部落主义（tribalism）倾向。在同一个群体内，我们乐于分享其他成员的荣誉和喜悦，能够与他们共情，积极帮助他们解决需求，但是我们不会对群体外的人这样做。群体成员挑衅、攻击或剥削"外人"时，我们视若无睹。不仅如此，我们还把群体外的人视为敌人[1]，把他们定义为我们的对立面。遇到困难时，把过错归咎于别的人或事总比责怪自己方便。正是这种心理促使不服从者在获得成功之后经常迫害原先的多数派，给他们造成不必要的痛苦。多数派在失势之后仍有可能提出有用的想法，但是不服从者对此不屑一顾，为将来的冲突埋下了祸根。

研究人员揭示了成功的不服从者产生部落主义冲动的几个心理因素，这几个因素环环相扣，共同推动不服从者试图摧毁已经成为他们手下败将的多数派成员。但是，正如马丁·路德·金所说："我们要么学会像兄弟一样一起生存，要么就得像傻瓜一样一起灭亡。"

> **要点提示**
>
> 人类生来就具有部落主义倾向，在权力转移的过程中表现得尤其明显。了解这一点会让我们变得更理性，更深思熟虑，遏制我们把曾经怀疑或迫害我们的人妖魔化的冲动。

不服从者的不满

在一个大群体内，当权力在多数派和不服从者之间发生转移时，这两个子群体对他们共同的群体身份有着不一样的看法。不服从者通常会经历我所说的"不服从者的不满"。他们想要抛弃这个大群体，以远离那些曾经否定他们的观点，现在却又拥护他们的人。你可能会觉得奇怪，原先的异见者明明赢得了群体的领导权，

第七章 负起胜者的责任
成为新的多数派之后，如何避免道德伪善

为什么不留下来享受胜利呢？因为知之非难，行之不易。事实上，他们从前受人迫害时留下的伤口还在隐隐作痛。饱经风雨后，你作为不服从者的身份得到了强化，要原谅那些曾经不尊重你甚至苛待你的人，确实不容易。所以，何必和原来的多数派扯上关系呢？

从圣地亚哥州立大学的拉德米拉·普利斯林（Radmila Prislin）博士所做的一系列前沿实验[2]中，我们可以进一步了解不服从者的不满。想象你正在和一群陌生人就某个争议性话题展开辩论。一开始，几乎没有人和你站在相同的立场，但是随着时间的流逝，越来越多的人同意你的观点。或者一开始，大多数人都和你持相同意见，但是后来，他们的支持逐渐减弱，直到转向相反的立场。现在，再想象一下，这整场辩论只是一个实验，除你之外其余人全部都是演员，而实验的目的就是看看你如何应对权力的转移。这就是普利斯林所做实验的核心[3]，其研究得出了一些令人惊讶的结果。

权力的转移同时扰乱了新的多数派和新的少数派对群体身份的看法。群体内部发生结构性变化之后，人们很难理解他们的成员身份意味着什么，其重要性又在于什么。原先的多数派成员——我称之为"新失势者"（newly powerless）——不再把群体视为他们自我认识的延伸。如今大多数人都和他们意见相悖，所以这个群体也变得陌生和讨厌。而原先的少数派——不妨称之为"胜利的不服从者"（rebels who won）——也有自己的心理困扰。因为说服原

先的多数派接受他们的观点花了太长时间,他们不免感到失望。而且由于此前立场的对立,他们很难信任原先的多数派(这种不信任并非暂时的)。积怨难消,"胜利的不服从者"认为"新失势者"低人一等。这些都是"胜利的不服从者"想要退出的原因。正如普利斯林在其实验中指出的:"想要离开的并不是那些一直处于弱势地位的人(稳定的少数派)……群体内地位在提高的人(原先的少数派)才是最有可能从群体中脱离的人。"

> **要点提示**
>
> 在现实生活中,共同认同的缺失可能会导致"胜利的不服从者"认为"新失势者"不可能提出有价值的意见,也可能会导致他们以引起争执的方式行事。

如果你是一个不服从者,经过长期努力终于获得了成功,那么一定要警惕这种心理。尽力去发现你和"新失势者"之间可能存在的共同点。克服部落主义冲动,主动去接触你从前的对手,并且尽你所能巩固你们之间的共同认同。

虽然我们可能在某些方面与别人格格不入,但是基于同样的兴趣爱好、生活环境或者相似的经历,我们总能找到非意识形态的共同认同把我们和他人联系起来。我们可能有着同一种身份,例如都是举重选手,都喜欢抽雪茄,都喜欢吃海鲜,都在离异家庭长大,都在动作乐园(Action Park)玩过世界上最危险的游乐设施(没

第七章 负起胜者的责任
成为新的多数派之后，如何避免道德伪善

听说过？那可是我的童年胜地，搜索视频来看一看吧！）——这样的例子不胜枚举。

搜寻你从童年、青春期到成年时期的记忆，找找你和你的死对头之间的共同点。你能创造新的基准或规矩，把那些你一开始就排除在自己部落之外的人包括在内吗？向你自己发起挑战，抛开你对"新失势者"无法抹去的反感或优越感。马丁·路德·金曾经教导我们："要想世界和平，我们就必须忠于全世界，而不是某个区域。我们的忠诚必须超越我们的种族、部落、阶级和国家，这就意味着我们必须放眼世界。"你也一样，你必须以一种更宏大的"世界视角"看待群体内的各个派别，即使不同派别之间的联系还不成熟。

不服从者的噩梦

1969年，耶鲁大学首次录取了588名女生[4]，结束了长达268年的男校生涯。然而，很多男生不太接受这种变化。萨拉·伯索尔（Sarah Birdsall）是当时考入耶鲁的一名女生，她记得大二的男生普遍比较友好，愿意提供帮助，但是"大四学生表现得相当可怕。毕竟，我们这群女生打断了他们完美的兄弟情谊"。耶鲁的管理人员没有做出任何努力，来让这些女生感到自己是受欢迎的。耶鲁不仅没有为女子运动队的组建提供任何资源，其工作人员还在一

个女生加入男子足球队时,以"为了学校好"为由让她退出。她的男队友们没有在此时挺身而出。相反,他们宣布将放弃任何有女性运动员参与的比赛。

难怪"胜利的不服从者"无法与"新失势者"产生积极的共鸣。失去权势后,多数派的表现往往会很糟糕。普利斯林博士及其同事的研究表明,"新失势者"拒绝为群体提供帮助,并且会想尽一切办法占群体的便宜,以表达自己的敌意。同时,他们也预设"胜利的不服从者"一定会仇视他们,不会为他们提供帮助。这种表现反过来又激起了"胜利的不服从者"的敌意和怀疑。感受到"新失势者"的怨恨和敌对情绪(我们可以称之为"不服从者的噩梦")之后,"胜利的不服从者"会立刻采取防御措施。他们会花过多时间去寻找"新失势者"不尊重或者拒绝他们的迹象,找到之后再与之做斗争,这些都使他们的注意力发生了转移,不再集中于追求原先的目标。当时,耶鲁有一名女生想为久负盛名的耶鲁校报《耶鲁每日新闻》工作,但她解释说:"大家确实都有这种感觉——女性在领导职位竞争中没有任何优势。这让我退缩了。我想这个信息已经足够明确,以至于让我不想再做任何努力。"

敌意催生敌意,攻击招致攻击。正如另一名女生所说:"可悲的是,我开始用大男子主义的态度对待其他女生……认为不值得花时间和女生在一起。这是我从学校里学来的,现在我才开始转变这种态度。"可以说，这名女生（可能还有许多其他女生）认同并接受了当时耶鲁男生对女生的敌对态度。

这种现象导致的一个结果是，"胜利的不服从者"经常背离他们身为少数派时所珍视的价值观。"胜利的不服从者"可能曾经也认为提出异议很重要，认为任何一个派别都应该有机会发出自己的声音，都值得被倾听，认为出现分歧是正常的，但是现在他们却要重新考虑了。由于怀疑反对者的动机，害怕他们发起进攻，"胜利的不服从者"逐渐失去了欢迎不同意见的兴趣，也因此削弱了重构后的群体解决问题的能力，封锁了前进的道路。"胜利的不服从者"不再寻求观点多样化，甚至扼杀了争论出现的可能性。

在普利斯林的研究中，"新失势者"对争论的容忍度提高了，"胜利的不服从者"却越来越反感分歧的出现，他们对认知多样性的重视程度也只有原先的一半。"胜利的不服从者"变得顽固，即使能容忍"新失势者"的观点，其态度也是冷漠且无礼的。他们不再鼓励辩论，在他们看来，眼下只有一条路，那就是他们正在走的路。此时，反抗的危险系数提高了，而且也无济于事。但事实上，无论谁掌权，提出异议都是有价值的（正如我们在第三章中讨论的那样）。而巩固自己的地位，向反对者施加压力，只会阻碍"胜利的不服从者"从异议中持续获益，并且再次为日后的龃龉埋下祸根。

> **要点提示**
>
> 如果你是个成功的不服从者，身边的追随者越来越多，手里的权力也越来越大，那么你最好向所有卷入这场思想之争的人——朋友、敌人和中立的旁观者——保证，他们的意见依然很重要。

你要跨越分歧去和曾经的对手建立友好关系。你要理解"新失势者"因丧失地位而产生的痛苦，也要接受你的存在会让他们想起自己的失败这一事实。作为曾经被边缘化的少数群体的一员，长年遭受拒绝可能给你留下了挥之不去的创伤。而被拒绝带给你的刺痛有损于你现在的态度和决定，让你透过有色眼镜看待曾经的对手。即使对方对你的不信任和攻击欲仍然很明显，你的情绪是否也会使事态进一步恶化呢？不妨回想一下你自己身为少数派时是什么感受。

最重要的是，即使不受你信任的"外人"表露出敌意，你也要遏制住远离他们的冲动。普利斯林及其同事发现，"胜利的不服从者"和"新失势者"之间可以通过反复交流达成某种程度的和解。一开始，两者之间的关系可能会尴尬或紧张，但是经过四五次互动，"胜利的不服从者"会发现与对方合作没那么难了。他们也更容易认识到自己和"新失势者"在人性和利益方面的共同点。每个人对群体的归属感都得到了提高，并且愿意为群体做出牺牲。在双方的共同努力下，旧的敌意随时间逐渐消失，取而代之的是崭新的合作精神。

第七章 负起胜者的责任
成为新的多数派之后，如何避免道德伪善

不服从者的盲点

法国大革命在1793年9月至1794年7月这段时间，有近30万名公民被捕入狱，约1.7万人被处决，数千人死于狱中[5]。但是请注意：此时的掌权者马克西米连·罗伯斯庇尔原先是一名法官，曾经极力反对司法暴力。他甚至在判处一名罪犯死刑后不堪心理压力辞去了法官职务。直到1791年他还说："如果立法者选择死刑和残酷的惩罚，而不是其权力范围内的其他温和手段，那么他将激怒人心，同时拉低他所统治的人民的道德情操；老师也是一样，如果总是严厉处罚学生，学生的灵魂会变得麻木，变得自暴自弃。同理，把政府的发条上得太紧，会使其不堪重负，丧失弹性。"然而，掌权之后，罗伯斯庇尔立刻组织制定了一条法律：如果革命政府认为有人反对新建立的秩序，即使只是怀疑，也可以判处其死刑。"法国只存在两个团体：人民和人民的敌人。"他说，"我们必须消灭那些永远在密谋颠覆人权的恶人……我们必须消灭所有的敌人。"

我们已经了解到，异见者在掌权后经常会放弃从差异和异议中持续获益的基本信念。但是罗伯斯庇尔伪善的表现揭示了另一种现象，即获得胜利的不服从者不具备任何清醒认识自我的能力。事实上，罗伯斯庇尔似乎根本没有意识到自己背叛了曾经的信仰。他在1793年的一次演讲中宣称："立宪制度只需要保护公民不因政府滥用权力而受到侵害，但是在革命政权下，政府必须保护自己不受其他派别的攻击。在这场生死攸关的斗争中，只有表现良好的公民才值得公力救济，对于人民的敌人，要以死刑为惩罚。"这番话没有表露出任何他发现自己已经偏离了以往信仰的迹象。一位评论员指出，顽固的理论家总是坚信己方暴力的合理性。的确，"这些暴行只会让理论家更加确定自己的信念，更加坚定地追求自己的目标"。

普利斯林及其同事发现，群体内一旦发生权力转移，几乎立刻便会滋生伪善。在他们的实验中，"胜利的不服从者"滥用权力，在制定规则时给自己人优待，牺牲"新失势者"的利益。为了巩固新的现状，"胜利的不服从者"实施新的规则以磨灭"新失势者"的意志。普利斯林的研究指出，因为害怕失去来之不易的权力、地位和认可，"胜利的不服从者"根本意识不到自己的伪善。在尚不确定"新失势者"是否支持重组后的群体的情况下，"胜利的不服从者"就认定自己的权力不稳定。在他们看来，如果不积极巩固自己的权力，它就会迅速消逝。这种逻辑占据主导地位，致使他们把其他考虑都抛诸脑后，例如他们当下的行为是否与长期坚守的价值观相符。

> **要点提示** 为了避免像"胜利的不服从者"一样误入歧途，你要时刻警惕权力对自我意识的侵蚀。

时常提醒自己，你秉持着什么样的价值观。暂且不提你确实有巩固权力的需要，想想你现在的行为与你想要留给后代的遗产相符吗？掌权之后，你希望后代如何记住你的成就？能不能找到更人性化、更理性、更合理的方式来行使权力？你有没有遵循"己所不欲，勿施于人"的黄金法则？在决定以何种方式对待他人时，你有没有按照剧作家萧伯纳的建议，考虑他人独特的需求和观点？为了让自己时刻怀有同情心，你需要坚持以下两条关键的领导力原则：①取消贬低或不公平对待少数派的措施或规则；②取消给予多数派额外特权的措施。你曾经努力为自己的小团体争取到了公平的竞争环境。现在，你要尽最大努力为下一代服从者和不服从者创造同样的环境。

我们必须提出的问题

我在本章中引用了一些历史上的例子，但是取得胜利的不服从者如何对待新的少数派其实是一个急需解决的当代问题。我在2021年创作本书时，美国历史上受压迫的少数派正在获得史无前例的权力，女性和有色人种在学术界、商界和政府中掌握了前所未有（尽管仍不完美）的权力杠杆。

虽然这种权力转移尚未完成，但现在是时候回答如何行使权力，以及如何承担随之而来的责任这两个难题了。新体制中占优势的成员准备好"负起胜者的责任"了吗?作为曾经被剥夺权力的少数派,他们如何能保证不对他人施以同样的压迫?由于担心被指责无视历史压迫,所以很少有人敢提出这几个问题。我不是要贬低我们对正义的需求,也不是不重视权力向弱势群体的转移。只是当我沉浸于本章提及的各项心理学研究时,我不禁想问:反压迫的最终结局是什么?我们想要实现的终极目标是什么?什么样的行动和政策能帮助我们达成目标?如果为受压迫群体辩护的勇者不能明确其目标,那么他们的态度就有可能随着权力的积累而改变,最终放弃他们长期为之奋斗的公平和正义的理想,转而为自己的小团体谋求财富。长此以往,即便美国的未来可能会比现在更好,但也达不到它本可以达到的高度。

随着曾经处于弱势地位的少数派获得越来越多的权力,他们必须学会克制。他们要给予差异足够的尊重,欢迎每一个人,而不是一味录用、尊重或聆听与自己行为或思想一致的人。影响力应该来自我们的智力和智慧,而不是我们的肤色、性别、社会经济背景或者任何其他可为人察觉的差异。让我们为话语的繁荣发展提供空间,使每个人的想法都得到符合其价值的评论,让所有形式的怀疑和不服从都得到鼓励。

我们所有人,无论是"胜利的不服从者"还是"新失势者",都必须仔细考虑应该以何种方式表达自己的怀疑。因为在社交媒体上,正当的争论很容易演变成肆无忌惮的怒骂。同时,一个人应得

第七章 负起胜者的责任
成为新的多数派之后，如何避免道德伪善

的声誉、事业和谋生手段有可能在短短24小时内被完全摧毁，只因为我们合理表达了自己的担忧。为受压迫的少数派疾呼的人和他们的对手一样，都犯了轻率鲁莽的错误。2020年，斯基德莫尔学院的几名学生在校内分发请愿书，提出了15条促进种族公平的要求，其中第三条是立即解雇戴维·彼得森（David Peterson）教授。这位教授在该校讲授珠宝和贵金属专业课程已有31年。此举使他的课程遭到了抵制。许多人给他发电子邮件或在社交媒体上发帖指责他是种族主义者，指控他歧视女性，令他不堪其扰。甚至还有人在他的教室门上贴了一张告示，上面写着：

停下：走进这个班，你就越过了全校的警戒线，破坏了所有人对戴维·彼得森教授的抵制。性别歧视和种族歧视已使他臭名昭著……这不是一个令人舒适的环境。继续上这门课，就是纵容这种偏执行为在校园里继续存在。

彼得森教授做了什么呢？他没有过种族歧视行为，也不曾言语贬低他人。他没有佩戴侮辱性标志，甚至没有发表任何观点。他所做的就是和妻子一起低调地参加集会，听支持当地警方的人演讲。校长有意解雇彼得森教授，针对学生的指控进行了为期两个月的调查。最终发现所有指控均不成立。但是，数千名愤怒的学生和当地社区居民还是武断地得出了自己的结论，导致这位已61岁的教授

的声誉毁于莫名其妙的诽谤。他被人公然扣上种族主义、性别歧视的帽子,甚至有人在该校的《斯基德莫尔新闻》上发表(充满事实性错误的)文章对他进行谴责,最终却没有人为此负责。在没有证据表明他做了任何错事的情况下,学生们就有能力破坏他通过31年勤恳工作建立起来的声誉。难道上大学的目的之一不是为了获取先前没有的知识和观点吗?在要求解雇某人之前,听取他的辩解不是很有必要的吗?在这个案例中,学生(和其他人)没有坚持公平原则,也没有给予他人应有的尊重,而是营造恐惧,使公共话语丧失了理性和公平正义。我们应该时刻警惕,不要变成自己曾经鄙视的人。

> **要点提示**
>
> 面对"新失势者","胜利的不服从者"不仅要克制自己的言行,同情并帮助他们(即使"新失势者"从未表现出类似的慷慨精神),还应该欢迎来自各方的善意怀疑,认识到怀疑有重塑和改进正统思想的作用,最终将使所有人受益。相应地,他们也应该欢迎幽默的表达方式。

开玩笑是人们应对权力转移时的一种常用策略,只要它的出发点是好的,也就是说开玩笑的人必须是出于理解和善意,或者真诚地想要激发思考,才开玩笑。被人打趣时,无论是上层精英还是底层被压迫的群体,第一反应常常都是谴责对方。但是很多时候,

第七章 负起胜者的责任
成为新的多数派之后，如何避免道德伪善

幽默恰恰体现了有原则的不服从者所倡导的内容：轻微违反社会规范。喜剧演员最擅长讲真话，把很多人注意到但是不敢触碰的内容表达出来。幽默为我们提供了一种向那些令我们感到困惑和好奇的人或行为提问的途径。正如我在谈到彼得森教授被诬告的例子时指出的，"我可以用任何方式对任何人说任何我想说的话"的态度是极不合理的，无论说这话的人是谁。当善意的幽默大师注意到社会某个方面存在不正常或荒谬的现象时，如果他能以开玩笑的方式讲出来，那么整个社会都能从中受益。

小布什总统发誓要为"9·11"袭击事件复仇后，美国一头扎进阿富汗战争，这场恶战持续了20年。2006年，斯蒂芬·科尔伯特（Stephen Colbert）在白宫记者协会晚宴（一个记者理应拿总统开玩笑的场合）上表演了该晚宴史上最具争议的喜剧节目，挖苦了小布什发动伊拉克战争的决定不成熟，并宣布伊拉克战争结束：

我相信管得最好的政府就是管得最少的政府。按照这个标准，我们在伊拉克建立了一个极好的政府。

言简意赅。科尔伯特继续说：

我支持这个人，因为他有自己的立场。他不仅支持（stand for）某些东西，还要站在（stand on）它们上面，例如航空母舰、碎石瓦

不服从的艺术

砾和近来被洪水淹没的城市广场。这传递出一条强有力的信息：无论美国遭遇了什么，她总能重新振作起来——在世界上无出其右的摆拍合照上。

但是科尔伯特第一次开这些玩笑时，保守派愤怒了，发送了海量恶意邮件（科尔伯特供职的美国喜剧中心频道表示在48小时内收到了近2000封电子邮件）。今天，作为某个权力逐渐扩大的受压迫群体的一员，你必须以同样的标准要求人们实话实说，无论实话的内容是否对你的群体有利。如果你偏向于自由派，并且很享受对小布什总统的挖苦，那么你就要表现出同等的意愿，去倾听关于己方成员缺点的真相。

在不冒犯对方的情况下开别人的玩笑变得越来越难了。为了思想市场的繁荣发展，也许我们应该允许拿少数派开玩笑，这样社会才能持续从不服从中获益。美国混血喜剧演员科甘-迈克尔·基（Keegan-Michael Key）和乔丹·皮尔（Jordan Peele）曾在《时代》杂志上发表了一篇名为"取笑一切"（"Make Fun of Everything"）的文章，对"除了体格健全的白人男异性恋者，其他人都处于弱势地位"这种看法表示遗憾。他们还问出了"取笑人们与默认他们太脆弱所以开不起玩笑，这两者谁更糟糕？"这种问题。平等固然可贵，但是进步的真正标志，可能在于我们可以拿社会上矫枉过正的现象和夸张的声明开玩笑，而不对任何人造成冒

第七章 负起胜者的责任
成为新的多数派之后，如何避免道德伪善

犯。正如喜剧演员比尔·伯尔（Bill Burr）试图在他的单口喜剧中戳穿一连串荒诞现实那样：

> 我要向所有人道歉。我的国家现在就是这么离谱。你们知道布莱恩·克兰斯顿（Bryan Cranston）吧？那家伙拍了部电影，在里面演一个四肢瘫痪的人。但是观众不买账……"为什么要让一个健全人扮演一个四肢瘫痪的人？"怎么说呢，"因为这叫表演……"你看，如果让一个四肢瘫痪的人扮演一个四肢瘫痪的人，那就不叫表演了。那就只是躺着念某个人写的台词。

喜剧演员以一种残忍而有趣的诚实，为社会送上了一份礼物。与被讽刺的是哪个政治派别无关，喜剧演员所做的只是在社会偏离正轨，滑向荒谬的领域时，发出警告。

考虑到美国历史上对少数派的压迫，"胜利的不服从者"希望避免一切攻击的愿望是可以理解的，即使攻击造成的损失微乎其微。但是这些群体的成员必须问问自己，他们期待的最终结局是什么。法律面前和工作当中的人人平等是一回事。但是如果我们把残疾人，以及特定种族等群体的人看得太脆弱，认为他们开不起玩笑，那么无异于把他们放在了次于多数派的位置。西奥多·罗斯福（Theodore Roosevelt）总统曾在他著名的一次演讲中鼓励听众成为真正走进竞技场的人："荣誉属于在竞技场上奋力拼搏的人，

属于脸上沾满灰尘，汗水和鲜血的人，属于勇往直前的人，属于屡败屡战但还拥有巨大热情和奉献精神的人。因为没有任何努力是错误的……但是你的的确确在努力做这些事，即使不幸失败了，至少你有敢于尝试的勇气。"[6]允许别人取笑你，开善意的玩笑是进入竞技场的一种途径。

本章中提及的研究也表明，保护原先处于弱势地位的群体不受攻击可能会造成意料之外的严重后果。除非他们谨慎行事，否则这些群体的成员及支持者可能会在获得权力后立刻制造新的不公平。我们这个破碎的世界最不需要的就是更多的创伤、侵略和敌对，但是，如果今天"胜利的不服从者"不能负起责任，超越前几代不服从者，对被他们取代的人表示同情，那么我们将继续深陷其中。让我们打破零和思维，不再固执地认为我们一定是对的，对方一定是错。让我们停止不惜一切代价对"新失势者"加强控制的做法。让我们在保护己方群体成员的同时，也给予不服从者足够的尊重，因为不服从一直是推动社会变革的动力。

一旦获得权力，不服从者便要担起责任。但是压力并不只落在他们身上。"新失势者"也必须积极进行心理建设，以开放的心态面对陌生或不喜欢的想法。如果你是多数派的一员，当某个人指出你当前的假设存在错误时，你最好的反应是什么？在下一章中，我们将看到，只要能怀着好奇和智识谦逊（intellectual humility）倾听与自己意见相悖的人，非异见者也可以帮助推动社会进步。原则性不服从会引起混乱和不安，只有按照它本身而不是我们所希望或想要的程度去探索它，我们才能获得最好的想法。科学研究已经为我们提供了一些可能有用的原则和指导方针。

核心建议

❶ 主动与"新失势者"建立友好关系。克服部落主义冲动，主动去接触你从前的对手，并且尽你所能巩固你们之间的共同认同。向所有卷入这场思想之战的人——朋友、敌人和中立的旁观者——保证，他们的意见依然很重要。

❷ 警惕权力对自我意识的侵蚀。时常提醒自己，你秉持着什么样的价值观。暂且不提你确实有巩固权力的需要，想想你现在的行为与你想要留给后代的遗产相符吗？你要尽最大努力为下一代服从者和不服从者创造同样公平的环境。

❸ 培养批判性思维。"胜利的不服从者"应该欢迎来自各方的善意怀疑，认识到怀疑有重塑和改进正统思想的作用，最终将使所有人受益。

PART3

第三部分
利用不服从

不服从的艺术

第八章
与不服从者建立友好关系
如何克服阻碍，发现新奇思想

到目前为止，我们已经听闻了许多英雄事迹，这些不服从者不畏风险，为了伟大的事业而英勇奋斗。我可以很自豪地说，我曾经亲身接触过其中一名不服从者，她是纽约州立大学布法罗分校生物医学信息学系的一名拨款管理员。2007年，30岁的谢丽尔·肯尼迪（Cheryl Kennedy）[1]正在该校的成瘾临床研究所（Clinical and Research Institute on Addictions）读研，同时担任项目协调员。作为吹哨者，她揭发了自己的老板威廉·福斯-斯图尔特（William Fals-Stewart）博士。福斯-斯图尔特是一名成瘾研究专家，也是我们的联合导师。多年来，他发表了大量论文，也获得了大笔研究经费。但是在这层表象之下，一些学生（包括我自己）感觉到有些地方不对劲。比如，我们都很好奇他从哪里招募到120对夫妇来测试药物滥用治疗项目的有效性。他拿到了同意书，支付了报酬，但是除了他本人，没有人见过研究参与者。

谢丽尔决定采取行动。她知道指控福斯-斯图尔特学术造假将使她的职业生涯面临巨大风险，因为她的薪水是他付的，而且作为一名研究生,她手里没有什么权力。但是谢丽尔确信福斯-斯图尔特学术不端。"我是一个非常坚强的人,"她告诉我,"谁都吓不倒我。我不在乎你处在什么职位。"

我真希望我可以告诉你谢丽尔通过其原则性不服从行为获得了胜利,并且毫发无损,可惜事实并非如此。研究所跟进了谢丽尔提供的信息,要求福斯-斯图尔特接受道德委员会的调查。他被要求提供收集数据的诊所地址。访问诊所时,委员会没有发现他在此进行过研究的迹象。委员会成员心生疑虑,要求福斯-斯图尔特提交研究参与者签署的同意书。可还没等他取出这些文件,存放唯一原件的仓库就在一场可疑的火灾中焚毁殆尽。

学校随即开展了一场正式的不端行为调查,要求调查人员举行听证会,以获取福斯-斯图尔特的证人证词。巧的是,福斯-斯图尔特说所有证人都去外地了,只能通过电话作证。如果你敢相信的话,调查小组不仅没有推迟调查,还接受了他的说法。所有证人都作证说福斯-斯图尔特的研究合法。但是后来,堪比电影情节的转折出现了,原来所有证人都是福斯-斯图尔特花钱雇来的演员,根本不知道自己参与了正式的调查程序(我发誓我没有瞎编)。剧本要求他们扮演福斯-斯图尔特的工作人员,在听证会上做伪证。每个人的剧本里都提到了应为烧毁仓库、销毁文档和伪造数据负责的人的名字:吹哨者谢丽尔·肯尼迪。有人把她的身份泄露给了福斯-斯图尔特,这就是他的复仇计划。

道德委员会听信了"证人"的证词，宣布福斯-斯图尔特无罪。令人难以置信的是，他们解雇了谢丽尔。但是，这还不足以使福斯-斯图尔特满足。他坚称谢丽尔欺诈。他还打算起诉纽约州立大学布法罗分校诽谤。然而，这一次他做得过火了。他的诉讼引起了纽约首席检察官的注意。在对此案进行深入调查后，纽约州指控福斯-斯图尔特犯有14项重罪，包括编造数据骗取政府拨款。几周后，福斯-斯图尔特自杀了。

虽然谢丽尔最终成功地让福斯-斯图尔特受到了法律的审判，但是这个过程对她造成了毁灭性打击。研究所的领导接受了福斯-斯图尔特的指控，未经正当程序解雇了她。首席检察官证明她的清白之后，她没有得到任何赔偿。没有一个人站出来对她说"对不起"，也不曾有人支持或保护过她。她在我们的谈话中说："这毁了我的生活。"直到今天，她仍然受到同行的排斥。

听着谢丽尔讲述她的故事，我既被她的英雄主义感动，又因她受到的恶劣待遇而愤怒。为了从吹哨者和其他不服从者勇敢揭露的真相中受益，我们必须保证下一个谢丽尔受到尊重，不被恶意惩罚。怎样才能帮助道德委员会的成员和研究所的其他领导更仔细地倾听谢丽尔，更认真地对待她呢？我们如何才能更好地支持那些处在社会边缘，缺乏"正当"身份，但是却拥有最好的想法和解决方案的人呢？

对大量心理学研究进行梳理之后，我总结出了三个阻碍我们向不同观念开放思想的强大心理障碍。虽然接受陌生的、有争议的或创新的想法从来都不是一件容易的事,但是理解和克服这几个障碍仍旧能起到一定的帮助作用。我们从心理上容易受到权威观点和假设的影响,也容易受到我们中间那些不加思考地支持现状,禁止某些思想存在和传播的人的影响。但幸运的是,我们可以训练自己更公平地倾听不服从者,把注意力放在信息本身的价值上,而非传递信息的人。听到确有价值的想法时,我们还可以对其加以改进,提高不服从者说服多数派的概率。

> **要点提示**　你的大脑在帮你拒绝新思想,而你甚至没有意识到这一点。幸运的是,你可以夺回控制权,学着提高接纳新思想的意愿。

障碍一:心理困扰

身为多数派,我们在倾听谢丽尔这类人的想法前必须先做一番心理斗争,因为他们的想法会吓到我们。确切来说,会引发我们业内人士所说的"焦虑不确定性"(anxious uncertainty)。人类天生就是保守派。我们坚守自己的信念系统,尤其在背后有权威人士的支持时,因为它为我们的生活提供了结构和意义。不服从者提出具有争议性的新观点时,我们会感到不安。这种不确定性给我们造

第八章 与不服从者建立友好关系
如何克服阻碍，发现新奇思想

成了困扰。但事实上，我们有时确实需要感到不安和不确定——只有这样我们才能成长。不过，这并不会给我们带来乐趣。当成年人因为不确定如何处理某种情况而感到焦虑时，他们会舍弃创造力，紧紧依靠自己熟悉的东西。老师总说他们希望看到更多有创造力的学生，但是比起有创造力但不守规矩的学生，他们更喜欢班上循规蹈矩的孩子。更糟糕的是，新想法不仅会引发我们的负面情绪，还会引发与这些情绪相关的情绪。换句话说，我们会对不确定的感觉感到不确定，对害怕的感觉感到害怕，对尴尬的感觉感到尴尬。

那么，我们要如何从这个情绪陷阱中解救自己呢？其中一种办法是把自己从当下的情景中完全抽离出来，从远处观察。如果能够摆脱"自我"，我们也许可以排除情绪的干扰，更清楚地理解一个观点。目前已经有科学家提出了相应的心理策略，并通过了测试，他们称为"自我疏离"（self-distancing）。

"自我疏离"源于标准的认知行为心理疗法，它要求我们拉远距离，以更客观的方式观察全局，关注正在发生的事情，包括参与其中的人和他们各自的观点。这种策略使我们摆脱了以自我为中心的心态，帮助我们吸收相关的外部信息。我们的思维将获得解放，不再囿于过去的事件、假设或期望。如此一来，我们就能够更清醒地认识自己面临的挑战，更明智地选择最佳行动方案。

听取有原则的不服从者的想法时，你可以通过关键的两步来达到自我疏离。第一步，详细描述你作为听者所面临的挑战。不服从者质疑你的观点，并且为你提供另一种选择。你基于以下几个因素形成对他的初始印象：他是否和你属于同一个群体，他的外部特征（年龄、种族、性别、身高、体重、外表吸引力），他的声望（权力大小和受欢迎程度）和他的个性（例如情绪不稳定、热情、有礼貌）。你要承认自己很难以开放的心态听取他的想法，毕竟你对他怀有偏见。而且和所有人一样，你一向也偏于维持现状。

第二步，刻意开放你的思维。有两种方法可以帮助你做到这一点。第一种方法是试着用第三人称和自己对话。与其边听不服从者在会议上发表自己的观点，边在心里想"我不能理解"或"这对我来说毫无意义"，不如试着用第三人称来表述这些想法。如果一位名叫布莱恩的行政人员在审查谢丽尔指控威廉・福斯-斯图尔特博士的证据时用到了自我疏离，那么他的内心叙述可能会是这样的：

> 布莱恩读了福斯-斯图尔特博士的陈述。布莱恩不理解为什么福斯-斯图尔特博士的文件没有备份，而且唯一一栋发生火灾的大楼恰巧是他存放文件的地方，却没有人感到惊讶。更何况，火灾发生的时候，福斯-斯图尔特博士恰好就在附近。布莱恩差点向克拉伦斯（另一位行政人员）表明了他的怀疑。但是因为委员会里没有人提出过怀疑，布莱恩也没有说出他的想法。布莱恩认为如果他是唯一一个提出怀疑的人，那么一定是他错了。

自己给自己做这样的内心叙述可能会让你觉得奇怪，因为它需要你克制本性中以自我为中心来叙述所发生之事的冲动。你可以试着问问自己的感受。但是不要问"我为什么会有这种感觉"。如果你的名字是布莱恩，你应该问"布莱恩为什么会有这种感觉"，以此来摆脱自我。使用"我"和"我的"等代词不能给你提供空间去质疑自己的想法和观点，也不能使你对新观点保持包容的心态。

为了克服个人偏见，你要站在观察者的角度去描述情绪充盈（emotionally charged）的情况下发生的事情。作为观察者，你应该使用自己的名字（例如"托德，你可是个教授，别再像个14岁的孩子一样了"），第二人称代词（例如"你总说脏话肯定会让别人生气，你介意冒犯一小部分读者吗？"），或者第三人称代词（例如"为了构建不服从行为的理论模式，他应该大胆使用一些精心设计的语言"）。你要尽可能多地使用代词"你"和你的名字来理解自己的想法和感受（例如"托德因第七轮语段修改感到沮丧。如果他能够极其坦率而自觉地进行自我评价，也许他可以更好地阐述他的观点"）。你当然可以谈论自己，但是要从观察者的角度出发，假装自己是"墙上的苍蝇"[2]，或者像极度自恋的明星一样进行自我对话。但是，与自恋的明星不同，你是在应用一种内省策略，它可以帮你应对剧烈的情绪波动，也使你对不受欢迎但可能有价值的想法更加包容。

通常情况下，心理学家建议人们用第三人称进行自我疏离，以确认自己的情绪，然后更深入地挖掘产生这些想法或情绪的内在原因。当我们以第三人称审视自己的反应时，我们就能够暂时停止平日对自己的判断，把自己从偏见中解放出来。或许你已经注意到，当朋友向你寻求建议时，你解决问题的效率要比你自己面对同样的问题时高得多。现在，你掌握了一种新的方法，它将帮助你在应对棘手问题时最大限度地进行创造性思考，那就是成为你自己的朋友，帮你自己解决问题。你要做的只是调整与自我对话的方式而已！

美国西北大学和斯坦福大学的几位科学家对夫妻两人同时运用自我疏离策略会发生什么进行了研究。答案是：好事情。参与这项研究的夫妻被要求从第三方观察者的角度考虑他们会如何进行交流和互动（就像摄影师观看监控录像那样）。他们要想象这个观察者会怎么想，会给出什么建议，然后写下这些建议。这一过程虽然仅持续了几分钟，但是他们对彼此关系的满意度却达到了两年来的最高值，无论他们曾经有过多大的矛盾。军队中的士兵在汇报任务时也会运用自我疏离策略[3]——因为这确实有用。

第二种开放思维的方法是扩大时间跨度。在情绪充盈的情况下这么做要遵循以下指示：

闭上眼睛，试着想象5年后你将过着什么样的生活，想想5年后你对这件事会是什么看法。站在遥远的未来反思现在的问题时，你

第八章　与不服从者建立友好关系
如何克服阻碍，发现新奇思想

还会有任何情绪和感受吗？如果无须担心社会是否赞同，你今天会说什么或怎么做，才能对遥远的未来产生积极的影响？在遥远的未来，你因为害怕而决定不去做的事和你克服恐惧勇敢去做的事会让你如何评价自己？认真思考这些问题，然后做出回答。经过训练之后，你将更愿意做出当下令你感到不舒服但是未来会让你感到庆幸的决定，同时，最大限度地减少未来会让你后悔的决定。

遇到具有挑战性的想法时，我们通常会做出让自己在短期内感觉良好但是欠缺长远考虑的反应。我们必须克制自己拒绝新事物的冲动，要想做到这一点，就要在脑海中生动地勾勒出另一种未来。摇头族总是纠结于将新想法付诸行动时细枝末节的问题，导致他们不作为。但是，如果我们能在新想法获得关注时提前构想出一幅未来的图景，我们就可以避开这个陷阱。如果我们能够详细描述新想法可能带来的好处，这就会推动我们采取行动（比起不作为），而不是被各种我们不能做某事的原因困在原地。

无论你选择哪种途径，自我疏离都是与不服从者打交道时的一种有益策略。自我对话过程中发生的语言转换只需耗费你少量的时间和精力，投资回报率却很高。研究发现，这种策略引起的视角转变有助于人们更好地处理引起情绪剧烈波动的事件，减轻心理困扰，调节心血管活动和降低血压，提高洞察力和行动力。擅长自我疏离的人对不适感的接受度更高。他们的智识谦逊程度更高，也更能接受与自己意识形态对立的人的想法。

简单的自我疏离行为足以产生长久的影响。研究表明，应用自我疏离策略数天或数周之后，人们能更好地应对心理和身体上的痛苦，这一策略也有助于人们在做出艰难决定后体会到更深刻的人生意义。还有研究表明，通过自我疏离，人们能够把自己对想法的判断与提出想法的人区分开来。近期一项研究发现，同一名参与者在被问到"我是谁"和被要求以第三人称思考"托德是谁"时，他对自己的看法会发生变化。被要求用"我是……"来描述自己时，参与者会给出一长串具体的群体身份证明（比如"自由派""无神论者""犹太人"等）。而被要求用第三人称拉开一定距离来描述自己时（比如"托德是……"），参与者则会使用更抽象的词来描述其个性（比如"情绪稳定""自信""意志坚定"和"想象力丰富"）。

类似的情况也发生在参与者评价其朋友的时候。当研究人员通过问"朱莉安娜是谁"来引导参与者评价他的这位朋友时，他会描述朱莉安娜表现出的个性和性格特征，而不只是提到她是某个群体的成员。如此看来，自我疏离似乎能让我们把注意力从不服从者的人口统计特征上移开，更多地关注他们的个性，以及他们提供的信息的价值。通过拉开距离与自己对话，我们得以从心理上代表自己，能够以更微妙的方式评判他人。我们的思想变得更加开放，更愿意接受异见者的观点。

> **要点提示**
>
> 新思想会对我们造成不必要的心理困扰。自我疏离能够帮助我们解决这个问题,提高我们对新事物的包容性。

障碍二:自负

克制住初始的情绪反应之后,我们还必须与有原则的不服从者建立友好关系。我们之所以会不假思索地拒绝谢丽尔这类人,一个很重要的原因是我们误以为自己懂得很多。引起这种错觉的原因有两个,一个是因为我们接受过相关的专业培训,另一个则是因为我们对相关问题一无所知。我们通过获得学位、执照或从业资格证书来给自己的名字后面加上难懂的代号,这让我们高估自己的能力,进而掩盖我们的思想缺陷,包括知识储备不足、无知、偏见、侥幸和对具体情况考虑不周等。我们固执己见,还因为我们只认同自以为了解的东西,亲近和自己属于同一群体的人。在研究中,如果有人提醒参与者他的政治立场或其他社会身份,他就会对自己了解的东西表现出更强的自负,更难以接受新的观点和想法。同时,其他研究也发现,对某个话题了解越少的人,越有可能坚定地支持关于该话题的某种主张。总之,无论是懂得太多还是太少,都会导致我们的思想变得封闭,对当前掌握的知识过于自信。

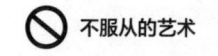

> **要点提示**：如果我们相信自己懂得够多，足以做出明智的判断和决定，我们就很难从有原则的不服从者身上学到东西。幸运的是，我们可以通过培养最珍贵的品德——好奇心——来遏制过度膨胀的自信心。

好奇心的好处体现在多个方面，它引领我们在智识和能力上不断进步。好奇心强的人不仅能够在困难的任务中坚持更长时间，而且表现得更好，也比较不容易感到疲惫。在一项研究中，一部分参与者被要求描述曾经令他们好奇心发作的一次经历[4]，另一部分参与者则被要求回忆某个令他们感到极其幸福的时刻。结果表明，这两种行为都能够提高参与者的精神和身体能量，但前者的提高幅度比后者高了20%。当我们试图克服抵触情绪，倾听有原则的不服从者发表他们的意见时，智力、毅力和精力都发挥着重要作用。好奇心也有助于我们更好地倾听他人。通常情况下，我们之所以无法真正理解我们中间的不服从者，是因为我们把时间都花在了解释自己的立场上，根本没有仔细思考不服从者能提供什么。而好奇心会把我们从自我专注的状态中唤醒，使我们更容易接受有价值的新想法。

培养好奇心并不难——只需要提更多更好的问题。遇到对立或不熟悉的观点时，从公开怀疑自己的看法开始，问问你自己：这个有原则的不服从者知道哪些我不知道的内容？我能从他给出的独一无二的信息中提取哪些东西来改进我的生活和思维方式？另外，与

与不服从者建立友好关系
如何克服阻碍，发现新奇思想 第八章

别人交流时，试着让对方思考并解释其想法是如何发挥作用的，而不是抓住一切机会展示你有多聪明或多能干，滔滔不绝地说明为什么你是对的，而对方是错的。你应该这么说："我对你说的话很感兴趣。你能解释一下你是如何得出这个结论的吗？"

我们总是抗拒新思想，为的是捍卫我们自己的观点。这导致交流难以结出硕果。正如哲学家阿兰·德波顿所说，谈话高手并非是善于倾听的人，而是"善于打断的人"。他们不像大多数人那样，打断对方"只是为了插入自己的想法"，而是"为了帮助对方回到最初那个更加真诚但又难以表述的关注点"。科学证实了他的说法。在一项研究中，参与者被分为两组，其中一组被要求在听他人发表与自己相反的观点时专注于自己的观点，另一组则被要求向发言者提开放式问题，并且问题要能帮助发言者理解他们为什么相信自己的所作所为。该研究的首席研究员说："仅仅是设计问题这一行为就足以改变他们的反应。"研究人员发现，当人们不再试图说服交谈对象，而是把共度的交谈时间看作一次学习新东西的机会时，他们将收获更多的乐趣，形成更积极的态度，也更渴望再次见到对方。阐明交流的目的是学习，而不是说服，有助于改善公民话语（civil discourse）。你可以通过一些明显的姿势向对方表达你的兴趣，比如点头致意，把头偏向对方，凝视对方，象征专注的眯眼，以及发出嗯哼声。倾听时以学习为导向还是以说服为导向，也许就是判断一个人能否从异见者引起的思想解放中获益的关键。

另一项研究表明，一次出于好奇的发问——提出一个有助于理解为什么会有人这么想或这么做的开放式问题——可以改变持相反观点的两个人之间的争论。只要一次出于好奇的发问，提问者对于对方观点的接受度就会提高，更期待继续对话，也更有可能认为对方具有热情、包容、聪明、理智、客观和品行端正等品质。普通人与陌生人在网上一对一聊天15分钟，提出的问题一般不超过6个。在线聊天时，你所能做的就是写、读或思考。这6个问题给你提供了一个了解对方的个性、兴趣和价值观的机会。诚然，提问的次数越多，你对于对方的了解就越深入。但更重要的是，你提的是什么问题。两项研究都证明，追问对方的频率越高，说明提问者越友善，也更愿意了解对方。同时，对方也会更喜欢提问者，认为他很体贴。

追问对方感兴趣的东西表示你正在关注他，并且有意了解他。高频率地追问（例如对方说"我好想吃鳗鱼寿司"，你回复"如果后半辈子只能吃一种食物，你会选什么？"）能够提高你的社交吸引力。与之相反的是不太可能令对方喜欢的策略，比如频繁提转换话题的问题（例如对方说"我后悔买了只刺猬"，你回复"但是你爱看漫画吗？"），提镜像问题（例如对方问"你在网上遇到'喷子'会怎么做？"你回复"我一般会给他发一段我的宠物狗在吊床上睡觉的视频。你呢？"），或者反问对方（例如对方问"你上次感到非常尴尬是什么时候？"你回复"不小心用裁纸机铡刀把自己的领带切掉了一截的时候。给办公用品取这样的名字是不是很妙？"）。你要表露出你的关心，积极回应，让对方知道你受到了启发或吸引，并且想获得更多信息。你要让别人知道你对他在乎的事情感兴趣。通过恰当地多次追问，你为交流对象提供了一个从更深的层面将其故事和想法具体化的机会，他们也会因此而感激你。

好奇心可以抑制自负。把自己看成谈话大师使我们无法与有原则的不服从者甚至其余所有人建立良好关系。多数人在交流中都在不停做决定，决定自己要说什么，做什么。直觉让我们欣赏那些看起来风趣幽默，讲故事引人入胜，回答问题游刃有余的人。所以我们会认为如果我们足够风趣和圆滑，别人也会觉得我们是谈话大师。对于这种看法，现代科学表示大错特错。

多数人——包括我们自己——都渴望交流对象对我们的感受或想法感兴趣，想了解那些令我们苦恼、好奇或兴奋的事情。我们都在寻找能够通过提问促使我们深入研究自己的兴趣的人，例如问"你在想什么？""我想深入了解……""是什么引起了你对……的兴趣？""为什么会发生这件事？""……的时候你感觉如何？""还有吗？"这些问题。要想成为谈话大师，必须停止以自我为中心。

把你的注意力转向他人提供的信息。少说多问。问为什么的时候，带着好奇心去问，而不是评判。出于好奇而问"为什么"，是为了明白别人在说什么或做什么，唯一的目的是理解它。出于评判而问"为什么"，实际上是在批评别人所说的话或所做的事，目的是远离它。如果你的问题带着"你为什么会出现在这里？"或"你到底是怎么回事？"的含义，不仅会让人觉得你是个混蛋，还会使周围人对你失去兴趣，包括那些具有非凡价值的不服从者。好奇心是让人放下防备的灵药。

想要与不服从者或吹哨者进行有效的交流，好奇心和善于提问是关键。在威廉·福斯-斯图尔特博士的例子中，谢丽尔提出了一连串指控。这位赫赫有名的博士在其发表的文章中提到有120对夫妇参与了一个治疗项目，但是谢丽尔仔细阅读文件后，却只发现了3对。谢丽尔还指出，福斯-斯图尔特博士不喜欢用支票或信用卡，工作方面的支出都是用现金支付。但是按照规定，政府拨款的去向必须有详细的收据和记录来证明。在她看来，仅此一点就很值得怀疑。不幸的是，行政人员在评估事实时没有表现出同等的好奇心。他们不仅没有调查这两个问题，也没有质疑福斯-斯图尔特博士的证人的可信度，或者问问自己为什么福斯-斯图尔特博士比谢丽尔更值得信赖。他们在关键时刻对眼前的信息过于自信，因而没能够继续追问。

提出尖锐甚至危险的问题在当下肯定会让人心里不舒服。对认知简单性（cognitive simplicity）的偏好总是引导我们回到最初的假设。我们会过度概括，认为所有共和党人都会不假思索地支持特朗普。我们想当然地认为所有复杂问题最终都会二元化，比如说，你要么支持言论自由，要么反对。正因如此，我们自以为知晓答案，故而拒绝问某些问题。

为了与有原则的不服从者建立友好关系，我们必须遏制把一切问题的答案都归为非此即彼的冲动。世界上很少有天生的好人或坏人。多数人的思想都是多种价值观混合的结果，我们会做出各种道德的、不道德的和模棱两可的决定。如果脱离情境，所有这些决定都会失去意义。各位，让我们展露自己的好奇心，一起来探索这个新奇、复杂、混乱而又神秘的世界吧。让我们拥抱复杂性，并且抵挡诱惑，不再以过度简化的方式对他人或他人的观点进行分类。让我们多花点时间提问。你不可能永远快乐，但是你应该可以做到永远充满好奇。

障碍三：狭隘

假设郊区有一户人家发生了入室盗窃，警察逮捕了三名嫌疑人。作为这起案件的调查者，你手上有每个嫌疑人的照片，你知道他们的名字、职业、不在场证明、违法记录、被捕时随身携带的物品和各自的表现。根据表8-1中的信息，你认为谁最有可能实施了盗窃？

表8-1

姓名	彼得·艾伦	马克·马瑟	史蒂文·琼斯
不在场证明	当时正在和教会小组成员打桥牌	当时正在遛狗	当时正独自在家看电视
违法记录	超速达130千米/小时	无	2002年曾因入室盗窃入狱6个月
被捕时随身携带的物品	35美元、一副扑克牌	一条狗链、一包香烟、一条金毛猎犬、6美元零钱	400美元现金、一把螺丝刀、一盒口香糖
被捕时的表现	服从警官	辱骂警官	服从警官
职业	会计师	房地产经纪人	失业

你可能注意到了叫作史蒂文·琼斯（steven Jones）的这位嫌疑人，他没有不在场证明，有过前科，被捕时身上有400美元现金和一把螺丝刀。他是所有嫌疑人中唯一没有工作的。一切线索都指向他。他碰巧还是嫌疑人中的唯一一名黑人。

在一项有趣的研究中，参与者被要求站在调查者的角度考虑这三名嫌疑人。一位参与者拿起笔，在史蒂文·琼斯的头像上打勾，然后提交。但是实验到这里还没有结束。这位参与者离开房间后，了解到有人在他之前已经完成了同样的任务，并且收到一个文件夹，里面放着这个人的答案。打开文件夹，他看到了一张纸条，上面写着："我拒绝做选择——故意把黑人设定为明显的犯人非常不礼貌。我拒绝玩这个游戏。"相当大胆的举动，不是吗？这个人指控研究人员是种族主义者!

你觉得参与者对此会作何反应?为这位谴责种族歧视的不服从者鼓掌叫好?并没有。相反,他们讨厌这个人,用自以为是、防备心重、固执、苛刻、易怒来评价他。看到有不服从者站在他们没有选择或害怕选择的立场,参与研究的其他"侦探"纷纷表示自己不想和不服从者交朋友,不想和他做室友,也不想和他一起做项目。

我们和不服从者相处得不好,不仅是因为他们的想法令我们不安,或者我们想当然地以为自己无所不知,还因为我们怨恨这些人,恨他们让我们看到了自身的局限,令我们感到痛苦。如果威廉·福斯-斯图尔特博士学术造假被揭发时你是他的同事,你可能也会拒绝谢丽尔和她提供的证据,因为她找出了你没发现的罪犯。同样受过高等教育,同样每天都和福斯-斯图尔特博士一起工作,谢丽尔注意到的问题你却没有发现,这可能会让你感到尴尬和羞愧。所以为了避免自我批评,你可能会选择诋毁谢丽尔。

认识到这一点,会促使我们采用另一种策略来提高我们对标新立异的想法的接受度,我们可以称为"刻意谦逊"(deliberate humility),也就是"回忆自己的缺点和局限"。刻意谦逊乍一看有悖直觉:如果我们害怕自我批评,为什么还要故意批评自己呢?答案是,当我们"承认"我们面对有原则的不服从者时产生的智力和道德上的自卑感,我们就可以视之为力量的标志,从而拥有更好的自我感觉。我们不再执着于自我完善,宁可让它被有原则的不服从者粉碎。这使我们更愿意为弱者而战，而不是默默地抵抗或退缩。刻意谦逊也会让我们变得更明智，因为智慧恰恰来自了解自己所知的局限、尊重他人的观点、乐于接受批评，以及在相互尊重的前提下进行思想交流。当我们意识到智识谦逊能够帮助我们增长才智，我们就会更加包容那些在意识形态、思想和举止上与我们存在差异的人。

练习刻意谦逊能够让我们对思想多元化持更开放的态度[5]。回想一下你表现得不谦逊的时候，比如当你沉浸于自己的良好品质或行为的时候，或者有人向你分享自己的想法却被你无视或否定的时候。你本可以花更多时间成为一个善于打断的人，善于追问的人，并且可以收集信息和学习新东西——但是你没有。现在，在你的脑海里尽可能生动地再现这一事件，想想你以后对这件事会是什么感受和反应。运用在第六章中学到的情绪标记技巧，把你感受到的情绪列出来。从观察者的角度审视这一事件。他会怎么看？你会做出什么不同的举动？最后，根据对这一事件的回忆，你将如何改变自己的行为？这种沉思和自我反省确实很有效[6]。多项研究表明，经历过这种思考过程的人会变得更谦逊、更宽容、更有耐心，也会减少对自己和他人的批评。

通过在6所不同的大学进行研究，科学家发现智识谦逊的人遇到分歧时会更好奇对方的观点，更加尊重对方，并且更多地反思自身立场的准确性，这些都有助于他们获取更多的知识。下一次当你发现身边有人向现状发起挑战时,告诉自己,他们了解一些你不了解的内容,并且把找出相应的内容作为你的使命。记住,遇到新信息时,你应该及时更新自己的信念系统。这是成长的必经之路!如果10年后你的价值观与现在没有任何差别,那该有多可悲啊。如果你在寻求新信息时没有怀着谦逊的精神,那么你只是在试图转变他人的看法,并没有展现出真正的好奇心。

> **要点提示**
>
> 我们的社会需要更多填补社会与知识层面的鸿沟的智识谦逊的思想家,而非试图扭转他人想法的街头传教士。勇敢地抛开简单的谎言,诚实且充分地去探索复杂的真理吧。

更好地实践

不服从者肩负着说服我们接受实情的责任,但是他们并非推动社会进步的唯一力量。我们其余人必须冷静地接收并且评估他们的贡献,只有这样,我们才能接受那些有助于改进现状的想法和方案。但是,正如我们在本章中看到的那样,与不服从者建立友好关系意味着我们不仅要主动倾听他们的表达,还要卸下我们背负的情绪和心理负担,确保我们不会在有机会理性评估新想法之前就退缩。

让我们牢记问题的关键。吹哨者、政治活动家、艺术家、科学家以及其他敢于"跳出固定思维"的这些人是社会进步的推动者。我们需要谢丽尔这类人指出我们的体制中存在的不道德、不公正、低效率、不合理以及渎职现象。我们需要他们喊出"这么做不对!"和"我们可以做得更好!"。我们还需要他们构想新的解决方案,告诉我们什么是"更好的"。

当今社会处于不断的变动之中,变化速度比以往任何时候都更快。新冠肺炎疫情、技术变革、代际更替以及其他各种因素都可能引起变化,导致我们许多人几乎在一夜之间抛弃了几十年来的习惯和做法。当最能自吹自擂的专家也无法预测将来时,我们只能亲身尝试如何更好地工作、教育孩子、照顾年迈的父母,等等。要想这种尝试达到最好的效果,我们必须有多种方案可供选择,而这要求我们打开心扉,同时培养自己的换位思考能力、好奇心和智识谦逊,三者缺一不可。

需要学会欢迎和接受不服从者的不只是个人,还有群体。因为社会进步经常发生在学校、企业、社区、团队和邻里之间。但是根深蒂固的社会传统阻碍我们接触不熟悉或存在潜在威胁的想法。让我们一起想一想,我们应该如何改变群体的规范和文化,使之更包容周围的不服从者,更有机会从他们独特的见解中获益。

核心建议

❶ 为了提高与不服从者交流的效果，你需要练习自我疏离。能够做到自我疏离的人在情绪紧张的情况下更容易平静下来，面对与自己意识形态对立的人的想法时，他们也更容易放下戒备。

❷ 培养好奇心。遇到对立或不熟悉的观点时，从合理怀疑自己的看法做起。把你的注意力转向对方提供的内容。少说，多追问。

❸ 要想提高对标新立异的想法的接受度，你需要练习"刻意谦逊"。当我们承认自己经常犯错时，我们就会更欣赏有原则的不服从者，认可他们的价值，给予他们更多尊重。当我们在智识上足够谦逊时，我们就会更愿意为弱者而战，而不是默默地抵抗或退缩。

第九章 CHAPTER9
从"怪人"身上汲取智慧
如何构建善待不服从者的群体文化

　　1994年10月25日这一天，一切似乎与往常无异。美国海军战斗机飞行员卡拉·哈尔特格林（Kara Hultgreen）中尉驾驶F-14"雄猫"战斗机，正准备降落在亚伯拉罕·林肯号航空母舰上。天朗气清，哈尔特格林在着舰点一千米外最后一次转弯时，飞机的两个引擎都还在正常运转。然而就在最后着舰时，意外发生了。左引擎突然出现故障，导致机身向左偏转，偏离了着陆区域的黄色中线。为了保持平衡，哈尔特格林操作战斗机向右翻转到了海面上。坐在后座的马修·科尔米什（Matthew Klemish）中尉启动了两人的弹射程序。科尔米什成功逃脱。哈尔特格林中尉只迟了不到一秒，但是机身翻转导致她的座位向下弹射。她被弹射向海面，因剧烈撞击当场死亡。

　　这次事故是一场可怕的悲剧，也使美国海军卷入了一场重大的政治争议。此前一年，美国国会不顾军队高层领导的反对，废除了几十年前制定的禁止女性担任军事作战职务的法律。海军高层迫于压力实施了一项计划，在1994年底选定了该军种的第一位女战斗机

第九章　从"怪人"身上汲取智慧
如何构建善待不服从者的群体文化

飞行员，她就是哈尔特格林。在她死后，所有人都想知道原因。难道真像军队中一些男性说的那样，女性天生不适合战斗？还是因为海军在哈尔特格林训练不充分的情况下就急于将她送上战斗机？抑或是单纯的运气问题，她只是设备故障的不幸受害者？

事后，美国海军执法署——海军最高司法机构——发布了一份官方事故调查报告，将哈尔特格林的死归咎于设备故障。但是1995年3月，有人将美国海军安全中心的一份内部调查外泄[1]。该调查的结论是，哈尔特格林死于操作失误。将此案摊开在公众面前的是一位海军军官，帕特里克·伯恩斯（Patrick Burns）上校。他把秘密保存的哈尔特格林的训练记录披露给了一个独立组织——军事准备中心（Center for Military Readiness）。该组织随后又与媒体共享了这一信息。记录显示，在哈尔特格林训练期间，海军对她的要求比对其他想成为战斗机飞行员的男性宽容得多。男性飞行员如果在训练时因着舰失败被打不及格，通常会再获得两次机会，两次都失败就会开除。而记录显示哈尔特格林曾经4次着舰失败。

怀疑论者很可能以此推断伯恩斯思想守旧，从来都不相信哈尔特格林有执行战斗任务的能力。毋庸置疑，包括哈尔特格林中尉在内，所有在海军服役的女性都遇到了很大的阻力，包括男性军官的敌视。有些军官不满意媒体对哈尔特格林中尉的关注，因为当时基地里经常有记者跟拍她。还有些军官坚信女性天生低男性一等。即使某些男性军官没有公开表现出这种倾向，他们也不知道该如何与周围的女性交流和相处。"我认为让女性驾驶轰炸机和战斗机是一个错误。"1993年,空军参谋长梅里尔·A.麦克皮克(Merrill A. McPeak)将军在国防部军内妇女问题咨询委员会召开的一次会议上如是说,"我有一个文化上的观念问题:我无法接受老男人命令年轻女人去战斗的画面。"

除此之外,女飞行员还面临着其他不利条件。例如,海军装备不适合她们的体形。驾驶舱内的一切设施几乎都是按照男性的身高和体重设计的,而男性的身高平均比女性高12厘米,手平均长2厘米。当座椅的高度、护肩和靠背的位置、踏板和操纵杆的距离和控制面板上不同按钮之间的距离等不符合女性的身体条件时,女性就更难做到安全驾驶。

哈尔特格林中尉并不希望任何人为了她或其他女性降低海军的标准。她只想被公平对待。"我不认为海军有责任为女性铺好职业道路。我认为重点在于他们要知人善任。"她说,"如果让我以更低的标准通过测试,那么命悬一线的是我自己。我可能会为此付出生命的代价。"这与伯恩斯的观点不谋而合。在他看来,海军之所以为哈尔特格林中尉降低标准,是因为高层领导迫于压力,急于培养出第一位女战斗机飞行员。伯恩斯其实是支持性别融合的,但前提是要有明确的证据表明女性做好了战斗准备。他宁可自己28年的军事生涯毁于一旦,也要冒险披露这一信息,因为他认为这是唯一能帮助海军抵抗政治压力的方法。"这是我应该为海军做的。"

第九章　从"怪人"身上汲取智慧
如何构建善待不服从者的群体文化

他告诉海军督查长，"有些出色的女飞行员完全有能力驾驶飞机和战斗机，准确向目标投掷炸弹，降低标准对她们来说才是真正的伤害。衡量她们的标准与同时代的男性不同，对她们来说不公平。这么做对任何人都没有好处。"

我们也许永远无法确定哈尔特格林中尉的死因，但是我们可以确定的是，海军没有做好充足的准备来迎接有原则的不服从者——无论是先驱女兵哈尔特格林，还是吹哨者伯恩斯。外部的政治压力不可能一夜之间消除群体对少数派的偏见。同样，如果一个组织在调查过程中故意隐瞒重要事实，你就不能指望其成员如实道出真相。为了充分发挥原则性不服从的作用，政府机构、公司、团队以及其他群体必须训练其成员跳出惯性思维的窠臼。他们必须有意识地塑造群体文化，让打破刻板印象的异见者，比如哈尔特格林中尉，也能获得公平的机会，让有原则的不服从者，比如伯恩斯上校，可以公然揭露对群体不利的事实，而不必担心受到惩罚。

很多群体都在阻碍包括有原则的不服从者在内的少数派做出贡献，甚至有些自诩"多样化"的群体也常常无法收到预期的效果。虽然人口结构的多样性受到了广泛关注，但是研究人员发现，群体中的这种多样性与其表现之间的关联很弱。对群体表现影响最小的就是与工作有关的多样性维度，比如群体成员的教育背景、工作经验以及业务知识和技能。这并不意味着多样性毫无用处。相反，正如研究人员所说："某些类型的群体可能会更善于利用多样性带来的优势。"为了提高团队从各种各样的多样性中获益的能力，我们和那些我们认为其想法"怪诞"或"离奇"的人，都必须抛弃原有的错误想法，即只要招募到多样化的成员加入群体，就能够提高群体的表现。

在此基础上，我们还必须找出让不同的人和观点为我们服务的条件，然后再根据这些条件开展文化变革。阿姆斯特丹大学和德国基尔大学的研究人员发现了两条途径可以有效帮助群体更好地接纳不服从者，从他们身上汲取智慧，最终改善群体的表现。

> **要点提示**
> 单靠多样性或不服从者的存在不可能神奇地改善团队表现。我们必须先搞清楚让多样化的人和观点为我们服务的条件，然后在此基础上进行文化变革。

途径一：营造鼓励人人参与贡献的氛围

群体常常无法充分发挥多样性的优势，一个重要原因是他们很难从被边缘化的人身上汲取智慧。作为领导，你肯定希望自己的团队能紧密团结在一起，因为只有这样，团队才能高效运作。有了和谐和积极的心态，想法相近的人就可以迅速协调彼此的想法和行动——就像消防员配合无间，迅速抵达事故现场一样。然而，有原则的不服从者的思维方式往往不同于常人，因此凝聚力可能会妨碍他们分享信息，也可能妨碍团队其他成员公平对待这些信息。只有把不服从者视为能贡献独特价值的人，鼓励他们详细阐述他们的想法，你才能接触到不服从者最有价值的思想，进而增强整个团队寻找并解决问题、思考、学习和创造的能力[2]。否则你只能得到最快的而不是最好的解决方案，团队的集体智慧也将受到损害。

> **要点提示**　为使集体智慧最大化，以下价值观必须受到群体文化的肯定：自主性、批判性思维、思想自由以及渴望利用一切有用信息而不必在乎其来源。

心理学家称这类价值观为"求知动机"（epistemic motivation），其定义是"为透彻理解世界而付出努力的意愿，包括解决眼前的团队任务或决策问题"。对于一个以寻求创造性解决方案为目标的团队来说，团队成员必须愿意去做一些不同寻常但有用的事，因为老一套已经不管用了。有强烈求知动机的群体都明白，他们为深入而系统地探索新的可能性所付出的努力，一定会收到回报。

如果群体成员自认为已经掌握了足够的信息去做出决定，那么他们几乎不会再从有原则的不服从者身上汲取智慧。但是求知动机强的群体往往会以更和善的态度对待标新立异的观点。一项研究发现，比起把团结和凝聚力作为群体必要特征的人，参与者在遵守求知动机规范，然后写下自己做过的与之相符的事之后，他们对异见者的正面评价是前者的两倍。注重求知动机的群体[3]更善于解决问题，具备更强的创造性和创新性，也许正是因为他们能从"怪人"和不服从者那里获得有趣的想法，继而加以改进。

那么，如何把与求知动机有关的价值观融入群体文化呢？你当然不能直接宣布它们为新的规范——你必须改变个体成员的思维方式，并且影响群体实际用于处理信息的方式。以下是一些具体做法，供你尝试：

（1）如果你正准备主持一场会议，开场时可以让与会者讨论一下如何更好地进行交流。首先明确说明群体的价值取向。其次通过讲故事和举例子把抽象的价值观变得具体，更易于让人理解和接受。最后提醒大家你希望看到有人反驳多数派的观点。为了维持群体动力，你要鼓励大家以建设性的方式提出异议。让大家明白，聆听异议的目的是寻求知识和智慧，而不是验证现有的想法。每一次开会时都重复这个过程。

（2）列出一份群体成员在发言、倾听、交流和决策时应遵守的行为准则。例如，你可以规定每位成员每场会议只有三次发言机会，除非有人特别邀请他们分享专业知识。你要防止有人在发言时滔滔不绝，主导对话，你要让更多不同的声音参与进来。最后，把这份行为准则打印出来，让每位成员在开会前阅读并签字确认。

（3）为了帮助群体成员提高自主性和批判性思维，鼓励他们主动寻求有用的新信息，你可以要求他们写出他们曾做过的或看别人做过的符合这些价值观的行为。

（4）要求群体成员两两组队，讨论他们在会议上将采取或避免哪些行为来证明自己尊重群体价值观。因为当你把自己承诺采取的具体行为公之于众时，你更有可能坚守相应的价值观。

（5）留出深思和细想的时间，减轻群体成员在短时间内做出决定的压力。

（6）最小化地位和权力对发言人选、发言时长和发言重要程度的影响。你要对那些地位高且受欢迎的群体成员进行培训，让他们乐于听取地位更低且权力更小的成员的评论。提醒大家任何人都有可能贡献有用的想法。项目或计划结束后，你要点明是谁分享了自己的想法，让大家得以在此基础上集思广益，改进最终产品，从而巩固群体规范。

（7）会议结束时，要求所有人反思这几个问题：今天你从别人那里学到的最有用的想法是什么？哪一点是你必须听别人解释才能完全理解的？从会议的信息收集过程中，你获得了哪些信息可以提高你在下次会议中的表现？这一反思过程有助于我们记住群体是不断发展的，我们必须不断进步，确保我们不会重拾原先的坏习惯。

为了将求知动机融入群体动力，你不仅要鼓励群体成员在工作中依赖自己的优势，还要鼓励他们在进入自己不擅长的领域时，向拥有相关专业知识的人寻求帮助。将不同成员拥有的独特优势和专业知识结合起来，他们就能够提出更多问题，产生更多想法。当群体拥有了更大的资源储备时，更好、更有创意的解决方案也将应运而生。

当然，只有在智识谦逊蔚然成风时，群体成员才能专注于自己的优势，并且在必要时向他人求助，以完善自己的知识储备。你和其他成员的谦逊态度激励着你们相互了解彼此的知识面。与此相关的是，对有原则的不服从者友好的群体[4]往往更关注结果，而不是得出这些结果的途径。正是因为将关注点放在结果上，群体成员才会更欢迎有原则的不服从者，因为任何提出问题、提出有益的批评和反驳，或者提出被忽视的解决方案的人都是在为群体做贡献。为了促进并保持智识谦逊的精神，群体要构建一个激励成员共同努力的制度，指导成员相互合作（分享你最好的想法，做你最擅长的事）。

提高求知动机有助于形成良好的群体文化，在这种文化中，群体成员会把分歧当作进步的跳板，把彼此之间的差异视为通往新信息和解决方案的入口。正如科学家所说，如果能把求知动机和一种亲社会的态度——愿意为了群体利益而不只是自己的工作——结合起来，你就可以进一步优化群体所做的决策，有效利用有原则的不服从者提供的独特信息。有三项独立研究均可以证明，在解决问题的过程中，提出最多可行性方案、最具独创性的想法，并且最经常提出建设性异议的都是鼓励自主性和批判性思维的团队，而非要求成员保持整齐划一和忠心耿耿的团队。重视自主性和批判性思维的团队能够将精力直接用于对团队成功最有用的事（这是注重一致性和忠诚度的团队所缺乏的一种亲社会的态度）。

途径二：解散小团体

假设你是为数不多的几名女性飞行员之一，你们努力想要融入当前庞大的男性飞行员群体。但是男性飞行员把你们当成外行人。于是女性飞行员之间迅速建立起友谊，彼此支持，以对抗这种压力。这种亲近关系会让你获得心理安慰，但是它可能导致群体成员之间出现隔阂，削弱群体的力量。男性飞行员认为自己有理由以不友好的方式对待新来的人，毕竟她们看起来似乎也不愿意融入更大的群体。女性飞行员则认为自己有理由团结在一起，形成小团体，因为在小团体内表达要改变工作环境的想法不会让她们担惊受怕。这就是科学家所说的"群体自我偏爱"（intergroup bias），它伤害的是整个大群体，使之难以创造出让不服从者感到受欢迎，并且有权做出贡献的环境。

你的团队受群体自我偏爱的困扰吗？问问你自己：你的团队里是否有人会主动拉开与其他成员的距离？是否有人会在其他成员发言时摆出封闭式的姿势或窃窃私语？是否有人会在不属于自己小团体的成员出现时停止开玩笑或转换话题？是否有人总是对不属于

自己小团体的人表达不满或冷嘲热讽？小团体和社交距离的存在不利于群体从"怪人"身上汲取智慧，进而导致群体的表现不尽如人意。为了消除小团体之间的界限，你需要采取一些"去偏见策略"，正如一位研究者所说，这能够引导人们"克服模式识别（或刻板印象），形成分析性更强的思维方式，以矫正心理，优化决策"。

其中一种策略是提前指导群体成员越过常见的小团体边界，更好地与他人产生共鸣。鹿特丹伊拉斯姆斯大学（Erasmus University Rotterdam）的因加·霍弗（Inga Hoever）博士及其同事在实验室中组建起77支三人小组，要求他们各自组织一场富有创意的社区戏剧演出。对其中一部分小组，研究人员给每位成员安排了专门的角色来实现职责差异：艺术总监负责创意和演出质量；财务经理负责剧院财务和收益管理；活动策划经理负责满足观众的需求。三位成员各自收到了不同的信息（剧院平面图、演出时间表和制作成本等），因职责不同，他们对演出成功的决定性因素持不同的看法，以此模拟出为实现相互竞争的目标时，群体内部表现出来的职责差异。其他小组的三位成员之间则缺乏职责差异——他们收到了相同的信息，需要在此基础上合作完成任务，但是没有明确的分工。所有小组都需要在20分钟内为剧院拟定一份最终的创意行动计划，期间有人在场外全程观察。

同时，研究人员还训练一半的小组掌握一种被心理学家称为"观点采择"（perspective-taking）的低成本策略，帮助小组成

第九章 从"怪人"身上汲取智慧
如何构建善待不服从者的群体文化

员消除因利益不同而产生的分歧。实验中存在四种不同的小组：两种（差异对同质）乘以两种（是否接受过观点采择训练）。这里用"训练"可能有点夸张，因为小组成员只是收到了一页关于观点采择的讲义，上面写着如何与他人最好地交流，以及"如何从他人的角度看待问题"。这一页讲义鼓励小组成员去考虑其他人在意的问题，探索他们行为背后的原因，找到分歧的根源。

实验结果令人震惊。体现职责差异的小组并没有比同质小组表现出更多的创造性。事实上，体现职责差异但是没有接受观点采择训练的小组表现出了最少的创造性思维，甚至低于缺乏职责差异的小组。但是当体现职责差异的小组学习了关于观点采择的讲义时，他们就能够表现出最丰富的创造性——是缺乏职责差异的小组和体现职责差异但是没有接受观点采择训练的小组表现出的创造性的两倍。

上述结果及后续研究表明，经过观点采择训练，你更有可能理解分歧出现的原因。在一次实地研究中，研究人员办了一场5个小时的讲习班，为参与研究的以色列人和巴勒斯坦人讲解观点采择的技巧，包括如何接受他人的观点，以及如何体验他人的情绪。研究人员给他们讲了某个领导者因未能运用观点采择策略，导致他与下属关系受损的故事。他们还了解了马丁·路德·金和史蒂夫·乔布斯（Steve Jobs）这样的著名领导者从观点采择中受益的事实。随后，参与者在一场模拟谈判中实际应用观点采择，了解观点采择在北爱尔兰等问题的解决中发挥的作用。讲习班全程没有提到巴以冲突问题。讲习班结束后，参与者每周会进行一次复习，思考如何运用观点采择的技巧。研究人员发现，参加一次讲习班就足以缓和参与者对待巴以问题的消极态度，让他们对冲突的解决报以更大的希望，也促使他们做出更多具有和解性质的行为——这些变化能持续6个月甚至更长时间。

通过训练自己以更客观的方式看待世界——尤其是不服从者的观点——我们可以提高自己的观点采择能力。一旦我们把某个人归为"他人"，我们就会刻意寻找能证实这种假设的信息，但是事实上，寻找能推翻这一假设的信息才对我们有益。如果你认为女性不配成为海军战斗机飞行员，那么你就会选择性地关注那些似乎"证明"了她们能力不足的数据，忽略与之相悖的信息。在军事人员聚集的网络论坛上，你会看到许多将确认偏差暴露无遗的言论。一条评论写道："我们应该挖掘更多类似这样的女人在平权运动的支持下走上职业道路，但是最终一落千丈又引火烧身的例子。"另一个人评论说："一些生物学研究表明女性天生就缺乏空间意识（3D飞行能力）和逻辑（理解F-14战斗机上的飞行计算机或任何事物的能力）。"这些还是恶意相对较小的评论。

仔细想想这两条评论的意思。第一条评论认为没有必要客观研究并确定男性和女性在驾驶技术上是否存在差异，只需要挖掘符合"女性不如男性"观点的例子。第二条评论信誓旦旦地指出有研究表明男性和女性之间存在差异,但是毫不在意研究的质量或相关性。我们都希望自己是正确的[5],这就意味着我们会不遗余力地选择性寻找、忽略和扭曲信息,以巩固我们已有的认知。结果是,我们更加沉溺于群体自我偏爱,整个群体更难以从少数派身上获取信息以实现自我完善。

> **要点提示**
> 为了与提供颠覆我们现有观念的信息的人和谐相处,也为了提高我们理解这些信息的能力,我们必须让自己远离确认偏差。

你要养成通过问问题来挑战固有想法的习惯,特别是对于那些思想、行为和外表与你不同的人,你要提出多种可能来解释他们的行为。如果你发现团队中有个人总是提坏主意,那么你可能会注意到,团队为实施他的上一个想法付出了不小的代价。这时,你要试着问下列问题:"团队曾经多少次忽略了他对项目的疑虑,结果该项目在后期出现了问题?"或者"不考虑是否得到了认可,他曾经多少次提出试图改进项目的想法?"如果你认为某个人不善于团队合作,那么你可能会想起曾经有人在你面前抱怨过他。但你要提一些可能会颠覆这一想法的问题,例如"为什么他在其他团队中受其他人欢迎?"或者"为什么他在其他团队中表现得特别出色?"

提高自己推翻固有假设的能力,而不是不假思索地确信这些假设,有助于我们纠正错误的看法,继而使我们与更多人建立友谊,减少社会矛盾。本质上，我们都希望自己在评价原则性不服从时表现得像个科学家，而不是像个一心想打赢官司的律师，千方百计地掩盖与现有结论相悖的信息。

学会跳出自己的思维模式，从其他人的角度看问题，确实是有用的。另一项实验试图研究短期心理干预是否有助于解决棘手的冲突，结果表明，学过如何理解他人想法和感受的以色列人对巴勒斯坦人表现出了更少的敌意，他们更支持和解政策，同时也更反对军事侵略。5个月后，这些接受过指导的以色列人对巴勒斯坦人的仇视水平依然较低，也依然更支持促进和平的政策，反对战争。

构建善待不服从者的群体文化

虽然美国国会允许女性担任战斗机飞行员的决定姗姗来迟，但这是向前迈进的重要一步。我们不能只是下令吸纳包括有原则的不服从者在内的少数派，然后指望立刻看到进步。仅仅存在有原则的不服从者，并不意味着公司、团队、政党和社会上的其他群体能成功接受他们独特而有价值的见解。我们每个人都必须努力适应不服从者及其观点，进而形成能够从"怪人"身上汲取智慧的群体。我们必须在群体内创造机会，让有原则的不服从者分享他们的知识，也必须保证新成员或边缘成员能和群体内已经有一定地位的成员发挥同等的影响力。文化建设需要时间，出现进步时，我们要保持警惕，让进步固定下来。我们只有下定决心，专注于此，才可以让公平探讨的精神和换位思考的能力在群体文化中固定下来，使集体智慧和创造力最大化。

为了让本书更加完整，我想鼓励大家思考一个更激进的问题：为什么我们要等到人们进入团队和公司之后，才去考虑如何更友善地对待那些持有不受欢迎的小众观点的人呢？为了建设一个充分利用不服从者提出的意见的社会，我们还必须提高我们之中的不服从者的比例。长远来看，最有效的方法就是教育下一代从小就敢于脱离群体，成为有原则的不服从者。我们必须让年轻人掌握有助于产生并维持不服从行为的思维方式和技能，我们必须让提出异议变成一种很酷的行为。下一章将在最新的科学基础上，绘制一张路线图，指引我们培养出新一代有勇气、有志向的自由思想者。

核心建议

❶ 将不服从者视为能贡献独特价值的人。为使集体智慧最大化，以下价值观必须受到群体文化的肯定：自主性、批判性思维、思想自由，以及对于利用一切有用信息而不在乎其来源的渴望。

❷ 消除确认偏差。养成通过提问来挑战固有想法的习惯，对于那些思想、行为和外表与你不同的人，你要提出多

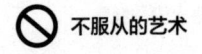

种可能来解释他们的行为。

❸ 不断强化允许提出异议和主动接受异议的群体规范。你要观察在不服从者发言时，其他成员表现出的明显变化，包括注意力下降（玩电子设备或窃窃私语），跟不上发言速度（对发言内容不感兴趣），以及不够友善（不去探究发言内容背后的事实和理性基础）。如果你认为自己的团队不存在这些问题，说明你忽略了这些相关的社会活动。我们已经了解到，小小的行为转变就足以帮助群体从与众不同的人和敢于提出异议的人身上获益。最终，我们一定可以构建一个成员普遍具有智识谦逊精神、能够公平探讨问题和换位思考的群体。

第十章
培养具有不服从精神的孩子
培养下一代英雄的科学策略

2020年8月，正在上高二的美国学生汉娜·沃特斯（Hannah Watters）惹上了一场她所谓的"有益且必要的麻烦"，吸引了全国的关注。当时，美国各地都在讨论新冠肺炎疫情期间学校应该正常开放还是转为网络教学。唐纳德·特朗普总统和其他政府官员正积极推动全国范围内的学校解封，但是许多家长、老师、学生和公共卫生部门的官员都很担心解封后的安全问题。沃特斯就读的北波尔丁高中（North Paulding High school）位于佐治亚州亚特兰大市郊区，已经决定重新开始线下授课。如果学生拒绝返校，很有可能会被开除。然而该校的复课计划让人觉得过于草率，以至于有一名老师宁愿辞职，也不愿回去工作。

返校第一天，眼前的景象就令沃特斯震惊不已。用她的话来说，"校方的复课显得非常无知。他们不仅开放了校园，还忽略了安全问题。"尽管美国疾病控制中心和其他公共卫生部门都表示戴口罩能有效减少新冠病毒的传播，但是该校还是把戴口罩列为自愿行为。沃特斯发现校内只有少数学生戴着口罩。同时，走廊里

🚫 **不服从的艺术**

一整天都挤满了人,有时甚至会到摩肩接踵的程度。尽管学校规定不允许使用手机,也禁止未经允许在社交媒体上发布学生的照片,但是沃特斯还是在拥挤的走廊里拍了一段视频,发到了推特(Twitter)上。她写道:"我担心这栋楼里所有人的安全,也担心全县人的安全,因为几个月来疾控中心一直在呼吁的预防措施和防护指南没有得到落实。"

这段视频在网上被快速转载,引起了媒体的争相报道。那么,对于沃特斯所做的这种有原则的不服从行为,校方表示赞赏了吗?没有!相反,学校命令沃特斯停课5天,因为她违反了校规。与此同时,该校校长向所有学生宣布,任何在社交媒体上发布照片的学生都将受到处分。不过幸好,后来沃特斯的母亲打电话到学校时,被告知停课处罚已经取消了。尽管该校所在的学区[①]努力为自己的行为开脱,但是负责人也不得不承认"视频里的画面看起来不太好看",并且要求学校进行整顿。

对沃特斯来说,打破规则肯定不是件容易的事。她明知自己会惹恼别人,但还是这么做了,因为她觉得这件事在道德上是正确的。她的所作所为产生了影响,让我们关注到了一个影响我们所有人的极其重要的问题。如果让我评价的话,这是很惊人的举动。试想,如果让自己卷入"有益且必要的麻烦"不仅是一件常见的,而

---

① 美国的学区是各州辖内的基础教育行政机构。——译者注

且是一件很"酷"的事,那么未来会变成什么样?科学研究为我们提供了一些策略,家长和老师可用来教育青少年勇敢地反对[1]有问题的规范和标准。也许他们现在已经在运用其中的几条策略了,只是他们自己没有意识到。关键是要在家庭教育和学校教育中凸显所有这些原则,只有这样,孩子才会产生提出异议的意愿,并且认为自己有提出异议的力量。让我们为培养新一代年轻人而不懈奋斗,愿他们都能关心社会,为进步代言。

> **要点提示** 培养敢于为了进步而反对存在问题的规范和标准的新一代年轻人,我们义不容辞。

不服从者养成原则一:让孩子知道你相信他们

你还记得罗宾·威廉姆斯(Robin Williams)在电影《死亡诗社》里扮演的那个鼓舞人心的英语老师吗?我的小学老师弗兰克·卡丘托(Frank Cacciutto)博士有过和他一样的举动。有一次,他像罗宾·威廉姆斯一样站在桌子上,大声朗读他写的一首关于英语语法的诗。在他的诗里,分号因为被误解而感到沮丧,逗号和感叹号因为经常被使用而感到骄傲(用拟人的修辞手法来描写标点符号让我们大受震撼)。卡丘托老师不仅读诗给我们听,还要求我们提出建设性的反馈,而且当我们给出反馈时,他真的在听。想象一下,一位老师——拥有博士学位——居然让小小年纪的我给他写建议!当大多数教育工作者还在把学生当成小孩子时,卡丘托博士已经将教室里的等级制度扁平化。他的所作所为告诉我们,他把我们当成独立而完整的人,有能力提出值得倾听的意见。毫不意外,我和我的朋友都喜欢上他的课,认真听他讲的每一句话。

提高标准并且经常肯定学生的潜力,有利于改善他们的表现,尤其是当他们属于被边缘化或污名化的群体时。但如果你仔细想想,让孩子知道你相信他们,也是培养他们成为有原则的不服从者的一个好方法。孩子必须先相信他们有能力改变世界,然后才敢背离传统智慧。他们必须意识到自己是有力量的。当父母或老师相信孩子的能力,肯定他们能够提出可行的策略来克服障碍,也能够长期坚持以实现目标时,他们就帮助孩子树立了自信。当孩子的想法渐渐偏离常规时,他们才更有可能把不同寻常的想法付诸实践。

问题在于:父母和老师怎样才能最好地让孩子认同并接受自己是有能力的?一种简单的方法是重述他们过去取得的成就。让你的孩子讲一讲他认为可以定义为成功的经历。有的孩子可能会说自己曾经说服某位朋友改变了对某个问题的看法,学会了不看键盘打字,试演了某部戏剧里的某个角色(无论最后有没有被选中),曾经质疑课堂上学到的知识,也有的会说自己读完了一本课外书,扩展了知识面。让你的孩子列出他们做出的积极改变，他们学到的技能，他们引以为豪的成就以及他们大胆反抗的经历等。可以通过提问引导他们详细描述，比如"你从什么时候开始想要做出改变或提高自己的技能？""当时你的生活是什么样的？""你的能力是一下子提高的，还是一点点进步的？""你的进步经历了哪些阶段？""你对今天所做的事感觉如何？""现在想起这件事是什么感觉？"

第二个策略是帮助孩子最小化心理学家所说的"归属不确定性"（belonging uncertainty）。当青少年觉得自己是个局外人时，他们往往会认为社会关系是脆弱的。反复衡量自己是否合群对任何人来说都劳心费力，更不用说那些仍在巩固自我认同感的未成年人了。我们作为成年人，可以帮助他们减少这种会削弱积极性和成就感的不确定性。在青少年经历困难转变的时候，让他们听一听曾经处于相同困境，但是如今已经更上一层楼的孩子分享的经验。

通过降低标准让孩子产生良好的自我感觉绝非良策（成年人经常这么做，他们觉得这么做会让竞争更加公平，这种做法也让他们产生道德上的优越感）。要想成为有原则的不服从者，孩子必须相信自己有足够的能力做出改变。我们成年人必须树立孩子的自信心，让他们相信自己有能力克服障碍，也能够在实现目标的漫长过程中不懈坚持。

🚫 不服从的艺术

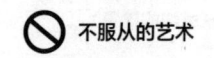

不服从者养成原则二：让孩子知道你对他们的兴趣感兴趣

前特拉华州教育厅厅长马克·墨菲（Mark Murphy）曾经实地参观了700多所学校的数千间教室，然而所见所闻令他非常失望。孩子们渴望学习，但是早已厌倦了传统的教学方式。虽然他们的老师相信他们，但是生活中缺少对他们的努力感兴趣的成年人。"我想学的东西太多了，"孩子们告诉马克，"但是似乎没有人在乎。我被条条框框限制住，被迫接受什么是对的、什么是被允许的、什么是有价值的，简直令人窒息。我自己完全做不了主。"[2]

马克决心改变现状，于是创立了GripTape组织，旨在为青少年提供为期十周的学习旅程，让他们在课堂之外学习他们感兴趣的东西。GripTape会问学生两个问题："你有没有一直想了解的概念、话题或技术？它对你当下或未来的成功有什么影响？"如果学生能就这两个问题给出令人满意的答案，他们就会收到邀请[3]，开启学习之旅。学生们通过该项目学到的内容包括说唱文化、计算机编码、时装设计、区块链技术、无人机摄影以及基因编辑技术与应用等。GripTape不限制学习内容，因为他们关注的研究表明，当孩子认为学习内容对自己有意义时，他们的学习能力是最强的，迎接挑战或者寻找替代线路绕过障碍的动力也是最强的。GripTape的特别之处在于会指派一位成年"守护者"为他们提供情感支持，但不提供任何建议。为了最大限度地防止守护者切换回建议者模式，该组织限制孩子们正在学习的领域的专家成为守护者。成年人的存在只是为了在孩子们学习的过程中给予肯定、确认和鼓励，而不是给他们灌输专业知识。

守护者会问一些发人深省的问题，试图找出在青少年实现目标的过程中，给他们提供最多动力的是什么，消耗他们最多精力的又是什么。守护者不能提供建议，而是通过提问引导他们去做自己感兴趣的事，这些问题包括"最近怎么样？""遇到了什么困难？""你向别人倾诉过吗？""在这方面懂得比你多的人里面，向谁求助比较好？"等，这类问题能引导孩子们思考自己的行为，自行解决下一步问题。孩子的世界里充满了对他们下命令的成年人。他们需要的不是自以为有义务跳出来给他们讲大道理或提供信息的成年人，而是倾听他们声音的成年人。

初步数据显示，GripTape的方法能有效改变孩子的生活方式[4]，让他们感受到学习的力量。从广义上讲，科学证实了生活中拥有成年人的支持和关注对孩子的重要性，这样不仅能提高孩子的学习能力，还能帮助孩子成长为有原则的不服从者。当其他人让我们觉得做自己是安全的，并且支持我们探索时，我们的好奇心会变得更加旺盛，也更有勇气。同样，当我们向其他人分享我们的兴趣并且得到他们的热情回应时，我们分享的东西对我们来说会变得更有趣，更有意义。这反过来又会增强我们的好奇心，使我们愿意承担更多

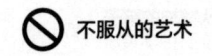

的风险。

你要为你的孩子提供这样的支持。当你的孩子与你分享他过去的探索或未来的计划时，要及时回应。如果他们感到不安，告诉他们在尝试接受新事物和应对挑战时，产生焦虑的感觉是很正常的。如果你愿意接受他们的负面情绪，他们自己也会学着接受。你要帮助孩子调节情绪。首先你要以身作则，在特定情况下表达适当的情绪，敢于打破根深蒂固的文化规范（例如，明确表示男孩也可以哭，女孩也可以发脾气）。这么做不仅能增强孩子的自信，而且也会使你成为孩子人生旅程的引路人，增进你们之间的感情。

不服从者养成原则三：培养孩子的自主性

GripTape不允许成年守护者给孩子们提供建议，因为他们希望另一种培养不服从者的策略发挥作用：给予自主权。不服从者的定义决定了他们坚信自己应该自由地寻求发展。但是这种心理不是凭空产生的。当你允许孩子参与决定他们应该在什么时间，以什么方式，学习什么内容时，你就在他们心里播下了种子。这么做有助于鼓励孩子积极参与，并且产生快乐而新奇的体验。最好的学习机会就是让他们把时间和精力花费在以能够充实自我的方式去追求一个对他们而言有意义的目标。

研究表明，当青少年处于掌控地位，并且被允许自行解决问题的时候，他们的探索和发现能达到最好的效果。[5]作为父母和教育工作者，我们必须抛开自己的担忧，抑制住替孩子决定的冲动，让孩子自己去感受（并且掌控！）令他们不安的时刻。这么做能帮助他们控制自己的想法和行为。如果你坚持认为学习必须有老师和学生双方的参与，那么让孩子去教其他孩子。巩固所学知识并加深理解的最好办法就是把所学知识讲给同样对这门课感兴趣的其他同学。

成年人言行指南[6]：如何培养孩子的自主性

1. 不要说教。相反，倾听孩子的想法，让他们知道他们说的话很重要。听过之后，你要细致而生动地重新表达他们说的话，要让他们觉得"天啊！我真应该雇你替我写演讲稿！"

2. 寻找机会让孩子享受独立，给他们空间，让他们用自己的方式解决问题。

3. 经常给孩子提供发言的机会。即使他们的表达不够流畅，你也能找出其中的闪光点，证明它的价值。请让他们有机会在其他成年人面前为自己申辩。

4. 向你的孩子指出他正在取得进步或掌握某项技能的迹象，点明它。试着把孩子所做的事和他们的个人目标联系起来。例如，你可以说"这说明你马上就能学会豚跳（滑板动作）了！"

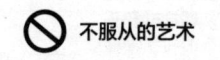

或者"你刚才的发言真像个未来的兽医"。

5. 不要对孩子发号施令。相反，在他们执行任务的时候鼓励他们，称赞说"你做到了"或"马上就成功了"，并且提醒他们自己过去的成就，例如说"坚持下去，记住上次你的努力带来的成功"。

6. 当孩子遇到困难时，给他们一些有用的提示，不要直接给他们提供解决方案，例如说"我想知道你有没有……"或"如果你从……入手，会简单得多"。告诉他们犯错也是学习过程中必不可少的一部分。

7. 认可孩子的观点和经历。承认任务的难度。向他们讲述你作为初学者时的感受。解释为什么你没有直接告诉他们答案，例如说"自己解决问题会让你记得更牢、更久"。

8. 避免用"应该"和"本应"之类的词，因为这些词暗示着存在正确或错误的解决方法。让孩子自己去尝试，得出他们自己的结论。

不服从者养成原则四：培养孩子筛选信息的能力

原则性不服从取决于一个人筛选信息的能力，即能否把有益的信息和虚假信息区分开来，并且说服别人也接受有益的信息。要想培养青少年成为不服从者，必须提高他们的批判性思维能力，这样他们才能在虚假信息出现时更为警惕。虽然要让孩子保持怀疑的精神，但是也要教会他们在处理信息时采取"信任但需核实"的策略。青少年必须适应质疑的感觉，学会区分数据质量的高低。他们必须养成习惯，延迟判断，减缓分析过程，让批判性思维占据主导地位。

当孩子做出看似不正确或不合理的判断时，家长和老师可以通过提问引起他们的反思，培养他们的批判性思维能力。作为父母和教育工作者，我们必须帮助孩子学会如何思考，而不是向他们灌输思考的内容。

初高中生不应该仅仅从课堂里"下载"信息，而是应该围绕最具争议的社会话题展开学习、写作、思考和讨论。他们应该了解大脑是如何阻止我们以纯理性的方式做出反应的（参见第三章中列出的认知偏差）。同时，他们也应该享受乐趣。只有当孩子全情投入到学习当中，有偶尔搞砸或感到困惑的自由时，他们才能提高自己的思维能力。

六个问题教孩子学会评估信息质量

1. "你是否盲目相信权威人士？"花哨的头衔、年纪和工作年限不能证明一位专家所给的信息准确与否。你要核实他的论述，查找或阅读他从中得出结论的确切信息，检查他是否夸大或曲解了原先的数据。

2."某些所谓的专家有提出特定结论的利益动机吗？"警惕那些非常非常（非常！）希望某个假设成真的人。不要依赖那些靠提出某个结论来拿工资的人。留意心理层面的利益冲突，遇到有人为提出特定结论而投入大量时间、精力和金钱的情况时，也要多加注意。如果有人从想要提出的结论入手，反向提出支持性的证据，消除与之矛盾的证据，一定要谨慎对待。

3."发言者鼓励辩论吗？"当有人提出某个观点，但是拒绝别人提出批判性问题、评论和反驳时，要当心。除非你能够证明某个观点是准确的，在此之前，它都只是一个假设。对所有观点持谨慎的态度，直到产生真正的辩论，或者主动找寻这样的辩论。参与辩论时，想象你自己是一名陪审员、编辑或者科学家，而不是一心想打赢官司的律师。我们的目标不是提出假设，然后证明它是正确的，而是区分事实与假象，辨别信号与噪声。

4."呈现在你面前的信息符合这个世界的运作方式吗？"虽然开放性思维是一种美德，但是在众多可能性当中，有一些可能性的合理性还是要低于另一些。接受某条信息或某种解释时，注意它是否与你的认知相符。当你意识到某段论证存在漏洞时，把那当成需要你质疑的时刻。

5."优势证据指向哪里？"仅凭一项研究或观察很难解决重

要的复杂问题。如果多条证据指向同一个方向，我们的信心会随之增强。如果这些证据由不同的人以不同的方式独立收集，那么我们的信心就会更强。避免被某一个极具吸引力的人或故事线诱惑，并且也要核实其他人独立做出的验证。

6."存在可验证的证据吗？"有的人习惯把能引起剧烈情绪波动的故事作为证据，还有人习惯用使人无法验证其合理性的方式提出论点，面对这两种人，你都要提高警惕。

不服从者养成原则五：给孩子讲不服从者的故事，无论其成败

了解不服从者曲折动荡的人生故事，无论他们最终是否获得了成功，都能使青少年从中获益。爱琴大学的雅尼斯·哈齐奥尔焦（Yannis Hadzigeorgiou）博士用10年时间验证了这个令人心动的假设，即给孩子们讲科学发现的过程——科学家之间的思想争论、他们在工作中经历的情感变化、他们构建的社会关系和与科学相关的政治问题，这能提高孩子们对理工科（科学、技术、工程和数学）的理解力。哈齐奥尔焦博士选择的对象是尼古拉·特斯拉（Nikola Tesla），那个"被遗忘的电学天才"。他是托马斯·爱迪生的竞争对手，两人曾经试图解决同一个谜题：如何以安全可靠

的方式传输无线电流。通过让16岁的学生了解尼古拉·特斯拉的生活经历和年代背景，哈齐奥尔焦发现青少年很喜欢科学探索过程中的戏剧性故事（在这个故事里，他们了解到年轻的特斯拉原本视爱迪生为偶像，曾经在他手下工作，后来因为被爱迪生背叛而辞职）。特斯拉后来一直致力于科学研究，获得了700多项注册专利，但是他的整个职业生涯都被爱迪生的愤怒所笼罩。爱迪生甚至还阻碍他获得资助。

这些学生沉浸于特斯拉的故事，对原则性不服从行为有了深刻的认识。一名学生在他的自然科学课日志中写道："正是因为特斯拉的想法听起来太过疯狂，他才没有受到学术界的普遍接受。"另一名学生写道："无论一种科学思想在刚刚被提出的时候看起来有多奇怪，多疯狂，都不要轻视它。"研究人员发现，采用这种以故事为基础的教学方法能让学生学到并且记住更多的科学事实，也能体验到更强的惊奇感。而且不论男生还是女生，比起接受传统的讲授式教学法的同龄人，都更愿意质疑广为接受的观点。

另一项研究发现，了解另一位被埋没的有原则的不服从者——伊丽莎白·詹宁斯（在第三章中讨论过），不仅可以加深中学生对历史的理解，还可以增强他们的精神力量。研究人员要求孩子们回答他们对美国公民权利的了解有多少，他们还希望了解什么内容，以及伊丽莎白·詹宁斯的经历中有什么有趣或令人惊讶的地方。他们没有机械地重复19世纪末至20世纪初流行的有失偏颇的观点，而是认识到用现在的道德标准去衡量过去的人和事是超越了时代的局限性的，并且清楚地表达了如果他们生活在那个年代，他们会怎么做。从历史的角度来看，这些学生表现出了同理心、换位思考能力和智慧。

这项研究表明，通过讲述不服从者的人生故事，父母和教育工作者可以教导下一代卸下心理负担，为不被理解但对社会有益的事业而奋斗。此外，家长和老师还可以鼓励孩子从新的角度理解有原则的不服从者。孩子可以借此机会深入了解著名的不服从者，探究他们的失误和道德缺陷，以及他们走向成功的曲折道路。从他们的人生经历中，孩子们可以思考并认识到走出舒适区、承担风险和按照自己的价值观行事的重要性。

我们的孩子也必须了解选择原则性不服从所要付出的代价。孩子如果能诚实面对质疑主流思想带来的负面结果，就可以更好地判断一项任务是否值得他们为之做出牺牲。让他们把听到的故事和自己的生活经历联系起来。比较一下，他们是如何决定是否要对抗主流的，为什么他们认为自己的决定是好的或坏的，以及他们从中学习并且计划用来应对下一次挑战的是什么。

不服从者养成原则六：教育孩子什么是真正的勇敢

正如本书前文所述，有原则的不服从者如果缺乏勇气，将一事无成。如果我们想培养孩子挑战现状的能力，就必须教育他们什么是勇敢。先要告诉孩子勇敢表现在多个方面——不只是行为上的勇敢。当一个人证明自己愿意为了某项事业站在强权甚至是整个社会的对立面时，他就表现出了道德勇气（moral courage）。想想谢丽尔·肯尼迪和玛莎·戈达德在怯懦和鲁莽之间走过的崎岖道路吧，这两位不服从者为道德事业的进步牺牲了自己的健康、幸福和职业发展。或者想想尼切尔·尼克斯、威廉·夏特纳和吉恩·罗登贝瑞，是他们促成了电视荧幕上著名的跨种族之吻。当一个人克服了自身的局限性，他所表现出的就是个人勇气（personal courage）。不过对某个人来说称得上勇敢的行为，比如在一屋子人面前说话，或者质问父亲为什么偏袒其他孩子，对另一个人来说可能微不足道。其他形式的勇气包括在多数人不赞同你的观点时承担诚实（说真话）和真实（展示真实的自己）带来的风险。想想坚持自己独特的音乐风格，拒绝商业运作的Fugazi乐队，忽略大批观赛球迷的嘘声，用"奶奶投"的姿势投篮的里克·巴里，或者试图说服其他同事洗手可以挽救病人生命的伊格纳兹·塞梅尔魏斯医生。

让孩子接触各种形式的勇敢事迹，鼓励他们用语言来描述自己的勇敢事迹。指明孩子或你在什么时候表现得勇敢。别人表现得懦弱时，也可以指出来，但不必贬低这个人。相反，问问孩子遇到类似的情况时，他会有什么想法和感受，会做出什么样的行为。你肯定不希望自己的孩子是因为受到压力或威胁才表现得勇敢，也不希望他们觉得你是因为他们表现得勇敢才爱他们。让孩子知道，你的行为有勇敢的一面，也有怯懦的一面。

把勇气和恐惧联系起来，加深孩子对勇气的理解。勇敢的本质不是无所畏惧，而是即使害怕，仍然愿意冒险去做有意义的事。基于哲学家和社会科学家的研究，我们可以用以下公式来表达勇气：

$$勇气 = \frac{行动意愿}{恐惧}$$

如上述公式所示，展现勇气的方法有两种。[7]第一种是克服恐惧，相信自己能解决或消除障碍。1312名美国联邦雇员在获得同事"从事一项或多项非法或浪费活动"的直接证据之后，拒绝举报对方，最主要的原因之一就是害怕对方的报复。害怕遭到报复也是青少年向成年人隐瞒欺凌问题的首要原因。在第六章中，我们学过磨砺意志的策略：理解你的感受。在你的感受和反应之间拉开一段距离，问问自己这些负面情绪有何作用，你的恐惧究竟源于什么。

第二种是提高自己的能力，朝着对自己有重要意义的目标不断前进。在第六章中，我们学到了要明确你愿意为之承担身体、名誉或经济风险的是什么人或什么事。勇气并不是一个会随着训练时长而增长的数值。相反，它是你一路走来做出的一系列小抉择。你要教孩子期待并且享受做决定的时刻。他们将有很多机会来测试自己的身体勇气（physical bravery）、道德勇气、毅力、诚实和可靠。鼓励他们要不仅接受挑战，还要主动寻求挑战。当他们每一次选择勇敢面对时，他们都可以因此感到自豪。勇气有助于提高孩子的行动意愿。

教孩子把自己当成蓄势待发的英雄——一个保护陌生人不受欺凌的人，或者愿意在朋友难过的时候给予支持的人。事实上，有其他人在场时，一些本质善良的人也不太可能勇敢地站出来，帮助别人或自己独立完成一项任务，因为他们认为肯定会有其他人采取行动，这就是"旁观者效应"。心理学家发现了能够促进人们在社会情境（无论是否危险）中采取行动的五个因素：注意到问题的出现、意识到情况紧急、有个人责任感、相信自己有能力帮助他人和有意识地决定提供帮助。把这五个要素及其重要性教给你的孩子，并向他们赞美那些在危险面前挺身而出，行正义之举的人。

不同于其他形式的教育，培养勇气需要你仔细考虑孩子的特性，包括他的气质、个性、以往的经历和现在所处的环境。你要根据孩子的特性和他对恐惧的看法来调整训练方法。请记住，他的个人能力和情况与你不同，与其他任何成年人都大不相同。不要指责他的恐惧毫无根据，也不要把你的世界观强加给他。相反，你要与他的观念产生共鸣。你要给予孩子选择的权利，把克服恐惧分解成简单的、可控的步骤，减少孩子在行动时可能感受到的压力。面对心怀恐惧的孩子要有耐心，慢慢培养他们的勇气，每察觉到他们有一点进步就给予相应的奖励。拉长战线，让他们知道，随着时间的流逝，他们也可以改变自己对恐惧的看法，变得勇敢。

今天你要改变什么

不久前，我自愿到小女儿的班里当助理老师。那是很平常的一天。整个早上铃声响个不停，提醒孩子们该去哪里，什么时候去，几乎像军事行动一般精确。老师也严格遵循教学计划，讲完数学基础知识后就开始讲基本的加减法。这时意外发生了，我干了件"坏事"。当时老师要休息一下，让我发挥客座老师的作用。我先做了自我介绍，然后准备上一节有我个人特色的课。我在黑板上写下一个公式：1+1+1=4。我停顿片刻，让学生们理解这个式子，然后问："怎样才能让这个等式成立？"

全班陷入了沉默。这时一个小女孩举起了手。我没有让她回答，而是把粉笔递给她。她走到教室前面，开始在黑板上画线，边画边数。

"一笔。"
"二笔。"
"三笔！"

她把粉笔还给我，走回自己座位上，而她的"假老师"和其他

不服从的艺术

同学还在思考她这么做的意义。没等她坐下,就有几个孩子点头说"对啊!"和"没错!"然后我也理解了。1 + 1 + 1显然等于3,但是三条不同的线段可以构成数字4。哇!太酷了!她的勇气就更不必说了。回应我这个"无事生非"的问题需要小女孩有足够的勇气,除此之外,她还承担了因给出违反常规的答案而被嘲笑的风险。也许她不像成年人那样对这种风险感到极度焦虑,但她至少做到了背离群体,违反老师和父母设定的规范。其实,教室里所有的孩子都知道他们应该怎么回答这个问题:"1 +1 +1不等于4!"

这段小插曲告诉我们,即使只存在一个不服从者,也足以解放一个群体的思想、观念和行为,使之不在遵守社会规范的压力下变得刻板。一个简单的举动——既有目的性又愿意包容接下来可能发生的事情——就能打破权力的平衡。面对原则性不服从,多数派必须再一次证明其思想的价值,而不是按照"我们一直都是这么做的"的标准行事。当现状露出缺陷时,这个简单、包容又有目的性的举动就会带来新的可能性。在上述例子中,其他孩子因为小女孩的举动受到启发,纷纷提出"反常"想法。许多人举起手来,对这个"不可能成立"的等式提出了自己的证明方法。突然之间,规范所具有的压迫力消失了。游戏和创意占据主导,新的想法形成了,贡献的意愿飞涨,一个未来的不服从者部落诞生了。

我之所以引导这场不服从的交响乐,是因为我想要在教育孩子的过程中尽自己的一份力,让他们明白自己可以冒险,也可以畅所欲言。人类要想生存下去，就必须引导下一代比我们更擅长违背常规。通过培养有原则的不服从者，我们可以成功地把未来交到拥有发言权并且乐于使用这项权力的勇敢者手中。年轻人将逐渐认识到不服从是他们这代人的超能力，也是成功的关键，然后释放它的力量，而不是惩罚或消灭不服从者。他们将敢于质疑和发起挑战，废除不健全的体制，代之以更好的理念。

> **要点提示**　在培养有原则的不服从者方面，最深奥的方法也许就是最简单的：你和我必须以身作则，更具有不服从精神，也更关心他人的不服从想法或行为。

　　读完这本书，你已经拥有了一个储满科学研究、工具、手段和策略的资源库，助力你说服他人支持你的事业，使你自己和你所属的社会群体更加欢迎不服从者。好好利用这些资源。你还要投身于培养下一代有原则的不服从者。即使你从前最讨厌打破常规，即使你曾经阻止或诋毁过那些反抗现状的人，现在改变还为时不晚。这个世界上有太多不必要的痛苦，充斥着不公平、不平等和低效率的现象，以及纯粹的错误。是否做出改变，取决于你。合上这本书之前，问你自己一个简单的问题："今天我要改变什么？"我们的孩子正在看着你。为了他们，做出改变吧。

🚫 **不服从的艺术**

核心建议

---

❶ 培养孩子的主动性。要想成为有原则的不服从者,孩子必须相信他们有足够的能力做出改变。当你的孩子与你分享他们过去的经历或未来的计划时,要及时回应。如果他们感到不安,告诉他们在尝试接受新事物和应对挑战时,产生焦虑的感觉是很正常的,以此来帮助他们调节情绪。

❷ 培养孩子的批判性思维能力。原则性不服从取决于一个人筛选信息的能力,即能否把有益的信息和虚假信息区分开来,并且说服别人也接受有益的信息。青少年必须适应质疑的感觉,学会区分数据质量的高低。他们必须养成习惯,延迟判断,减缓分析过程,让批判性思维获得解放。

❸ 让孩子接触各种形式的勇敢事迹,教他们用语言来描述自己的勇敢事迹。教孩子把自己当成蓄势待发的英雄——一个遇到不公正现象时敢于挺身而出的人。

后记　POSTSCRIPT
酝酿你的下一次不服从壮举
如何开始阅读这本写给不服从者的烹饪教材

我希望这本书能成为一本与众不同的烹饪教材。它不会教你如何烤鸡肉或烤出完美的舒芙蕾，书中也没有告诉你把烤箱预热到180摄氏度，或者告诉你在哪里可以买到新鲜的小鳕鱼。知道这些固然重要，但是如今我们对另一种知识的需求更加迫切：如何利用原则性不服从推动社会进步。遵循本书给出的建议，你将成为一个更强大、更明智、更有原则的不服从者，同时也会成为一个更包容、更愿意提供帮助的盟友。如果千千万万人都按照这些建议行事，那么我们将建立一个更安全、更繁荣、更有活力、更和谐的社会。

请你回头再读一遍本书的第一部分。正如我们所见，有些想法可能有助于延续群体寿命，提高群体活力。但是拥护这些想法需要不服从者付出高昂的代价，也会在短期内破坏群体的稳定性。创新会激起从欣赏到厌恶的各种情绪反应。引领他人走向更好的未来是一段充满忧虑和不安的旅程。在开始改变世界之前，你需要真正体会一下试图改变现状的人每天面临的困境。

接下来，在运用本书第二部分和第三部分提供的工具和指南

🚫 不服从的艺术

时,请保持耐心。为了让新想法影响到尽可能多的人,你在介绍它的时候必须做到有条不紊。培养与不服从有关的新技能和能力也需要时间,这同健身或食疗一样,开始时总是很难,需要形成规律,然后日复一日地坚持下去,期待看到成效。你要养成习惯,接受那些令人不安的想法、心理感受和身体感觉。记住,以自我改善为目的的干预行为要6~8周才能起作用。

你在努力成为一个更好的不服从者的同时,也要好好照顾自己。质疑正统观念对你的精神、身体和情感都是很大的考验。照顾不好自己,你就不可能成为一个真正的不服从者。你起码要保证睡眠充足,坚持日常锻炼和舒缓压力,这些都很重要。同时,你要反思你的社交圈里有哪些传播负能量的人,考虑与他们断绝联系,或者至少想办法减少接触。此外,还可以利用心理灵活性仪表盘帮助你应对极端情绪。

任何时候都要坚持原则。记住,如果你作为一个不服从者,经过长期奋斗取得了胜利,那么你很有可能会贬低和排斥那些从前不支持你的人。你要克制这种复仇的冲动,坚持最开始提出异议时秉持的价值观。你要继续欢迎怀疑与批评,无论它由谁提出,向从前怀疑和反对你的人伸出橄榄枝,公开表明分歧和差异都值得赞扬。

当你意识到自己身处受众之中,正在和别人一起质疑某个有原则的不服从者提出的想法时,请秉承谦逊和好奇这两种美德,接受自己所知甚少的现实,一旦发现新信息,就要准备更新自己的思

酝酿你的下一次不服从壮举
如何开始阅读这本写给不服从者的烹饪教材
后记

想。谦逊和好奇的美妙之处在于它能让你放松下来,不再强迫自己去捍卫自己的观点,或者证明自己是正确的、聪明的或受人欢迎的。接受改变,你会更喜欢自己,同时也有机会用更好的新想法改善你的生活。

在群体环境中,既要对不和谐或不愉快的迹象保持警惕,也要小心其对立面,即迫使个人服从、团结、配合并且装出一副笑脸的压力。如果不能改变文化,让多种多样的声音参与进来,你就无法获得发散性思维和独特的视角。你要支持每一项能阻止群体成员听从声音最响、最受欢迎、话最多或最突出的人的措施,并且让每个人,无论来自哪里,都有机会提出最好的想法。

不服从是人性中至关重要的一部分,可能也是我们固有个性的潜在表现。我们拥有独一无二的基因型、生活经历和性格特点。我们的兴趣、志向和社会关系也与别人不同。当你尝试运用本书的时候,请记住,最能使这个世界受益的不是你与他人的共同点,而是让你与众不同的东西。你要努力展现你的独特之处,同时帮助其他人发现他们异乎寻常的特点。这么做的时候要满怀勇气和同理心。无论成功与否,这都是你实现自身潜力的唯一途径。

注释
Notes

第一章 在图书馆里翻跟头的意义

1. 我们可以把进化论概括为四个词：变异、选择、保留和竞争。变异：自然界存在的一切生物都具有各种不同的特性，这些特性可能对其生存和繁殖有利，也可能不利。选择：拥有对生存和繁殖有利的特性的生物比其他生物更聪明，寿命也更长。保留：生物的特性不同，存活率也不同，最终只有在特定环境中表现出色的生物才会被保留下来。竞争：竞争对手和气候条件等造成的压力一直存在，时刻考验着生物的某些特性是否有利于后代的健康发展。

2. 在其作品中，贾希兹尽力分析动物躲避天敌和繁殖生存背后的竞争机制。他观察了数十种动物，指出"环境因素促使动物发展出新的特性以求生存，从而使它们变成了新的物种。幸存下来的动物通过繁殖把有利的特性传递给后代。"他的著作《动物书》震撼了阿拉伯世界，也提醒我们运气和环境对我们有着怎样的影响。

3. 穆罕默德·伊本·阿卜杜勒·马利克（Muhammad ibn Abd al-Malik），绰号伊本·扎耶特（Ibn al-Zayyat）。有人可能会认为，努力记住这些复杂的名字也是达尔文在发现进化论方面获得殊荣的原因之一。

4. 以下是对《圣经》中创世故事的简略总结。第一天，上帝创造了光。第二天，上帝继续创造了天空。第三天，上帝让地面从水中露出来，并且创造了植物。第四天，上帝创造了太阳、月亮和星星。第五天，上帝创造了鸟类和水生动物。第六天，上帝创造了陆生动物和人类。第七天，上帝安息了。关于上帝是在两天内还是六天内创造了动物和人类，一直存在争论。

5. 与科普作家马特·里德利（Matt Ridley）揭示的规律相似，比起神创论或智能设计师造物理论对于文化和技术变革的解释，进化论的观点更简明和准确。

6. 科研人员对这种修辞手法嗤之以鼻。但是为达尔文赢得读者欣赏的，正是他与读者的这种沟通方式。

7. 有的人在听音乐时会偏好某种类型而鄙视其他类型，这其实是一种被低估的部落主义，它在很大程度上影响着人们的消费行为和整个社会的行为规范。

8. 提出异议、违背传统和不盲目服从都属于不服从，但不服从不止于此。在一个以下层阶级必须遵守上层阶级制定的方针政策为先决条件建立起来的社会等级结构中，不服从是一种明确的反叛行为，是故意违抗上级或权威的命令。我喜欢"不服从"这个词，因为它的否定性含义最强，尽管不服从的对象取决于权威人士、主流或正统拥护什么。许多类似的例子都提醒我们现状往往是完全错误的，需要不服从来使其回到正轨。

第二章　我们为讨人喜欢而做的傻事

1. 这发生在2015—2016年赛季，也是他5年职业生涯以来罚球命中率最高的一个赛季。我非常体贴地没有把2016—2020年算在内，因为这些年他的命中率更低一些。
2. 他给自己的一艘船取名"罚球"……这样他就"永远不会沉底"。
3. 截至2020年8月，即使NBA已经变成了三分球大赛（非扣篮形式的两分球越来越少见），这一纪录仍未被打破。名人堂成员迈克尔·乔丹（Michael Jordan）职业生涯中单场最高得分69分。名人堂成员科比·布莱恩特（Kobe Bryant）单场最高得分81分。而未来的名人堂成员勒布朗·詹姆斯单场最高得分只有61分。

第三章　不服从者推动变革

1. 关于詹宁斯的生活，目前最主要的研究者是肯尼索州立大学的凯瑟琳·佩罗塔（Katherine Perrotta）博士。
2. 大量研究表明，当思维方式相似的不同个体形成一个群体时，他们的想法会变得更加激进。
3. 一系列研究最终发现，比起培养一个虚伪的拥护者，真诚的异见者更有利于减少群体内的偏见，做出更好的决策。在后续研究中，这些研究者再次发现，拥有真正异见者的群体表现出了更少的确认偏差，这意味着群体内信息收集更高效了，成员也更愿意容忍对话中出现的分歧，这些反过来又转化为更好的解决方案和决策（比起同质小组要好得多）。

第四章　修炼说服术

1. Fugazi是"F*#$ed Up Got Ambushed Zipped In"（糟了，遇上埋伏，最终被装进裹尸袋）的缩写，它记录了退伍军人在战争中日常面临的威胁。由此可见，该乐队的名字传递出政治意味。
2. 此处有一种例外情况，如果局外人掌握了特殊的专业技能组合，那么群体成员就很有可能会聆听他们的信息。
3. 当你试图说服对方改变看法或行为时，如果你们的对话在相互尊重的氛围下结束，那么这个好的结尾将提高这种变化在对方心里的价值。
4. 比起冒险之后意识到自己走了错误的一步，不作为带来的痛苦更强烈，也更长久。

第五章　吸引支持者

1. 研究人员发现，认真考虑过自我延伸（相对于寻求稳定）的可能性后，成年白人会积极寻求与来自其他种族的人互动，而非自己的种族。实际结果显而易见。与不同价值观、技能和观点的人在一起，可能会造成气氛紧张、交流困难，但是离开群体的庇护，我们能够更快速地成长，视野也更开阔。花5分钟时间想想自我延伸为何有益，可以进一步促使我们离开熟悉而安全的圈子，实现自我延伸。

2. 最优特性理论（optimal distinctiveness theory）阐述了个体为在社会中立足必须解决的矛盾性动机。

3. 数据来自2019年舆观调查网（YouGov）的一项调查，参与者为1254名成年人。

4. 这是2018年信诺公司（Cigna）对20096名18岁以上的成年人发起的调查。

5. 当我从纽约证券交易所辞职，由金融领域转向心理学领域时，找到的第一份工作是担任纽约州立大学石溪分校的亚瑟·阿伦（Arthur Aron）博士的无薪研究助理。当时亚瑟刚开始研究让陌生人在45分钟或更短的时间内建立亲密关系的方法。我在自己的研究（包括我的硕士论文）中也应用了这种方法。

6. 但是，也有其他研究证实了一种与此相矛盾的方法，即通过思考自己和他人的相似性会让人产生一种想要结束这种状况的心态，从而变得更具独特性和创新精神。

第六章　磨砺意志

1. 1974年，基尔帕特里克与6名女性一起在南卡罗来纳州建立了第一个性侵害危机处理中心。

2. 来自我与迪恩·基尔帕特里克的个人交流。

3. 这是基于我同事研究成果所做的改编。我的几位同事设计了接纳与承诺疗法（Acceptance and Commitment Therapy, ACT）矩

注释

阵，另外几位同事建立了抉择点框架。他们建立的模型为心理治疗师和医疗工作者服务，而我的目的是让普通人能自行使用这个工具。

4. 来自亚利桑那州钱德勒市钱德勒博物馆的女性领袖与活动家公共历史项目。

5. 实证研究详细说明了识别感觉体验的重要性，这是实现合理的自我调节（使"自我"有能力改变接下来发生的事情）的第一步。

6. 书中提到的许多方法都改编自为研究和运用心理灵活性而设计的练习。

7. 维克多·弗兰克（Viktor Frankl）的这句广为流传的名言可能就是受了书中那句话的启发："刺激和反应之间存在着一段空间。在这段空间里，藏着我们选择自己的反应的能力。而我们的反应决定了我们的成长和自由。"有趣的是，许多人在引用这句话的时候并没有标注参考文献或来源。这句话究竟是谁说的还不清楚。书中引用的罗洛·梅的话至少拥有同样的深意。

8. 7年来，我每天都会在日记中写下当天发生的最特别的三件事。三是一个可控的数字。这三件事可以是好事、坏事或仅仅是趣事。如果有人说了值得纪念的话，我会逐字记下来。时光匆匆，你无法留住生命中许多美好的时刻。但是把它们写下来，我就拥有了一个流动列表，时刻告诉我激励和影响我的是什么、我因为什么哭或笑、令我心酸的往事，以及帮助我看清我身上变化和不变的地方。老实说，生活不过是一连串琐碎的瞬间。抓不住它们，你就失去了生活的意义。这一点我的长期合作伙伴罗伯特·比斯瓦斯-迪纳（Robert Biswas-Diener）在2014年的一场TEDx演讲中分析得很透彻，他演讲的题目是"最幸福的日子已经在你身后"（"Your Happiest Days Are Behind You"）。以上这些都与有原则的不服从者有关，他们容易忘记欣赏沿途的风景，因为总是执着于任务所谓的"终结"（而任务甚少有"终结"的时刻，详见第七章）。

9. 我们每个人在与他人进行面对面交流，网上交流，甚至当我们独自思考别人对我们的看法时，都会披上一层伪装，这是人类生活的戏剧化隐喻。

第七章 负起胜者的责任

1. 不同的群体经常视对方为敌人。例如，民主党人把自己置于共和党人的对立面，素食者认为自己的饮食方式是健康的、道德的，谴责食肉者残酷。树敌是把一群人团结成一个部落的一种心理策略，因为敌人的存在会促使部落明确并维持自己的定位，清楚表明部落支持和反对什么。与常识相反，大反派带给我们的不只是超级英雄漫画里令人上瘾的故事。研究表明，在某些情况下，比如长时间失业或失去爱人，人们可以通过责怪别的人或事来避免最深的痛苦。找到替罪羊能够帮助人们重获掌控感和信心。但是可惜，占这种心理上的便宜会导致不必要的冲突，最终伤害你自己。不知不觉间，你给敌人在将来针对你提供了靶子。

注释

2. 普利斯林写了一系列重要文章,研究群体内多数派和少数派之间的地位转变。令人震惊的是,她的每一篇文章在过去20年里被引用的次数都不超过75次(根据2021年3月30日谷歌学术搜索的数据),即使发表在最著名的社会心理学刊物《个性与社会心理学杂志》上。我希望我对她的发现及其含义的讨论能让这颗蒙尘的明珠得到更多关注。

3. 改变实验中的其他元素会生成不同的课题。例如,普利斯林博士经常会控制群体的另一个特征。有时群体其他成员会立刻公开做出反应,这样参与者就会明确知道是谁说了什么。有时参与者会被告知其他成员支持或反对其立场的原因。这个原因可能是肤浅的,与所提出的论点无关(例如"我只想早点结束"),也可能是真诚的(例如"他们使我重新思考了自己的立场")。有时在辩论或争论之后还安排了另一项任务,参与者可以选择继续与同一群人一起工作,或者离开,去与陌生人一起工作。有时新的多数派可以为第二项任务制定规则,有机会偏袒支持者,并且制定对反对者不利的规则。有时演员会主动向群体中的各个派别表示友好或敌对,或主张平等,以此向参与者施加朋辈压力。有时群体互动会发生多次,持续几天或几周。正如我所说,普利斯林博士是一位富有创造力的科学家,她试图模拟多种情况,找出人们做出不同行为的原因。

4. 数据来自纪念女性进入耶鲁大学五十周年的档案。

5. 具体数字不确定,但是编辑《大英百科全书》(1998)的顾问和

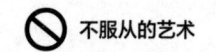

专家普遍认为这是最低数字。

6. 这几句话出自1910年4月23日西奥多·罗斯福总统的一次著名演讲,人们称为《荣誉属于真正在竞技场上拼搏的人》。

第八章　与不服从者建立友好关系

1. 我和福斯-斯图尔特合作过几个项目,其中有两项发表了论文。我们的其中一项研究关注的是哪一种干预——夫妻共同接受治疗还是单独接受治疗——能最有效地防止药物成瘾的男人对妻子实施家暴。我们暂定的答案是:夫妻共同接受治疗。之所以说"暂定",是因为我接下来要分享的故事让我对我们研究的可靠性产生了怀疑。

2. 在这一点上,身价过亿的说唱歌手坎耶·维斯特(Kanye West)在接受记者采访时有很好的表现。以下是他说过的一些话:"我敢肯定,史蒂夫·乔布斯也曾经妥协过。瑞克·欧文斯(Dick Owens)也曾经妥协过。你知道,即使是坎耶·维斯特(Kanye West),他也妥协过……坎耶和虚荣心就像一对同义词……我认为坎耶·维斯特和史蒂夫·乔布斯差不多。"

3. 根据2019年7月至2020年5月,一位不愿透露姓名的中尉与作者的私人通信,队伍在进行"事后回顾"(after action reviews,AAR)时经常会笑。经过练习,这已经成为一种根深蒂固的习惯。尴尬和效率结合在一起,构成联结军官和士兵的纽带。

4. 这个发现中存在着一个悖论——好奇心发作需要我们付出努力,

而且需要精神高度集中，但是发作之后我们却会感到更加精力充沛。好奇心比积极情绪更能为我们注入力量。

5. PROVE是一种有效的干预方法，由以下五步构成：①选择（Pick），选择一个你表现得不够谦逊的时刻；②记住（Remember），记住要把你的知识、能力和成就放在更大的框架内——你并不像你以为的那样重要或有意义；③开放（Open），敞开心扉，接触与自己的思维方式不同的人，提高自己的适应力（必要时用其他方法代替久经考验的方法）；④重视（Value），重视正在发生但是与你没有直接关系的事情；⑤审视（Examine），审视你的局限，以谦虚的态度与他人交流。

6. 当两个拥有不同文化信仰的群体发生冲突时，如果他们提高智识谦逊，也会达到相似的效果。

第九章　从"怪人"身上汲取智慧

1. 来自2002年美国哥伦比亚特区地方法院原告凯里·杜奈·洛伦兹（Carey Dunai Lohrenz）起诉被告伊莱恩·唐纳利（Elaine Donnelly）等人的案件。

2. 此结论来自帕特里克·米塞尔（Patrick Mussel）博士提出的理论知识框架（Theoretical Intellectual Framework），他试图解释创造力的过程和实施。"过程"是推动创造性表现的动机，取决于两个因素：寻找和解决。"寻找"指的是人在遇到智力挑战时乐于接受挑战而非回避的情绪。"解决"指的是应对不确定性、复杂性和不协调性,进而迎接智力挑战所必需的努力和毅力。"实施"是发挥创造性表现的能力,包括思考(推理、综合信息、得出结论)、学习(获取信息、提出问题、检验假设、填补知识空白)和创造(运用上述所有过程和能力得出新的想法、策略和结果)。在这个框架的支持下,我们很容易论证出当动机和能力互补的人组成团队一起朝着共同的创造性目标努力时,效果会更好(相较于保持同一性的团队)。

3. 认同并接受明确的群体规范能使人获得独立思考和批判性思考的能力。

4. 对有原则的不服从者友好的群体或组织关注目的或结果,而不是得出结果的途径。在任务清晰的情况下,提出最好想法的是谁并不重要。凡是能提出问题,提出有益的批评和反对意见,或者提出对过错的解决方案的人,都对团队做出了贡献。如果你关注的是手段,那么你只有去当一个服从命令、听从指挥的好士兵才有价值。除非这些行为能改变最终的结局,否则注重手段就是错误的。大多数多元化措施失败的原因都在于它们注重方式,而不是目的。

5. 根据第三章内容,这是阻碍人们做出合理推论的诸多逻辑缺陷之一。

第十章 培养具有批判精神的孩子

1. 做父母的都希望自己的孩子快乐、聪明、健康、独立并且具有各

注释

种高尚的品德。我还想在这份清单上加上经常被遗忘的一点：作为少数派时要坚强而坚定。我们都希望孩子能积极地让自己的生活——以及他们周围人的生活——变得更好。当群体和社会平稳发展时，服从有其重要性。但是，在某些时刻和地方，提出异议的精神也是必要的。

2. 来自2019—2020年我担任GripTape的研究协调员期间对马克·墨菲的采访。

3. 如果有些孩子因身体原因无法通过文字表达自己的想法，可以选择提交视频。由先前参加过该项目的孩子当面试官，也可以使申请人用最理想的方式表达自己。

4. GripTape的一个报告对来自30个州的450名青少年（及其父母）进行了调查和采访，结果是：

- 91%的青少年表示"这次经历改变了我以后的学习方式"。
- 89%的青少年非常认同"参与GripTape的项目帮助我找到了生活的目的和方向"的说法。
- 家庭条件和成绩较差（考试得C或D）的学生和成绩较好（考试得A或B）的学生完成为期十周的学习挑战的可能性相差无几。
- 98%的青少年明确表示该项目让他们"更了解自己的强项，找到了需要不断学习或提高的方向"。
- 97%的青少年更加确信"只要自己付出努力，就能更好地应对挑战"。
- 81%的青少年推荐自己的朋友和同龄人申请该项目。

不服从的艺术

这项干预令孩子们更清楚地认识到自己的优势,提高了他们的好奇心和智识谦逊程度,让他们拥有了终身学习的心态,同时也帮助他们找到了生活的目的。根据"学习挑战"结束6个月至两年后的采访,91%的学生总是或经常评估他们的学习质量,并且在必要时加以改进,89%的学生总是或经常根据他们的学习或经验调整自己的计划或目标。这些年轻人获得了主动权,并且表现得能以开放的心态对待反馈和挫折。这说明变化并非短期的。

5. 研究当青少年学习不受诸如成年人的指导和期望等的约束时会有何变化的论文有许多。在当地的一个齿轮机器展览上,4到6岁孩子的父母收到了两种最简单的指令,来指导各自的孩子学习。15个大小不一的齿轮分散在桌子上,孩子们必须以不同的方式将齿轮安装到机器上,实现不同的功能。一部分家长收到了写着控制学习过程的指令的卡片,比如"试着让他们解释齿轮是如何运作的""让他们讲一讲齿轮的情况,或者描述一下齿轮之间以不同的方式啮合时会发生什么"。另一部分家长收到的卡片上写着鼓励探索的指令,比如"让他们利用齿轮做新的尝试""鼓励他们用不同的方法操作齿轮""建议他们弄清楚齿轮是如何运作的,或者齿轮转动时会发生什么""鼓励他们通过尝试发现齿轮的工作原理"。研究人员暗中观察孩子和父母,记录他们的行为和对话。当探索受到鼓励时,孩子们会花更多的时间问问题,尝试把齿轮安装到机器上;在齿轮不转动或脱落时分析问题,家长则会提供更多的鼓励,更少的建议。相反,当家长的控制受到鼓励时，孩子们会花6倍的时间谈论机器，而家长会花4倍的时间排除故障，试图让机器运转。本质上，家长接手了发现和解决问题的过程。最重要的是，父母专横的行为并没有转化为明显的教育效果：当孩子们进入另一个房间里面对一台新机器时，他们在记住自己的所学和概括自己对齿轮工作原理的理解方面表现得一样好。

6. 研究人员发现，这份列表中提到的成年人行为能够让青少年在学习活动中获得最强的自主感。这些行为也会使青少年在学习活动中表现得更好奇、更专注、更坚定，他们会付出更多努力，更加享受生活，并且有更好的表现。

7. 勇气公式的分母中的恐惧只是阻碍我们发表意见或为正当理由挺身而出的心理障碍之一。其他心理障碍还包括精神或体力不支、怀疑、意识不足、以自我为中心和不关心他人等。这些心理障碍影响着我们对风险和危险的感知。消除这些障碍能够让我们无畏风险和恐惧感，采取更加勇敢的行动。

致谢
Acknowledgments

  这是一本非常个人化的书。我和我的双胞胎兄弟在一个黑人聚集的社区长大，属于其中的少数族裔。我们的母亲罗克珊独自一人抚养我们，肩负着巨大的经济和社会负担。从小我就很感激她的付出。现在我当了父亲，更加能体会到她的不易。

  我很早就认为自己是一个不服从者，一个局外人，一个与众不同的人。小时候，因为父亲角色的缺失，我身边几乎没有男性榜样。我通过观察和解构来学习。通过一次次试错，我学会了几项运动、骑自行车，学会交朋友以及如何应对他人的语言嘲讽和挑衅行为。随着年龄的增长，我的生活里逐渐有老师、邻居、亲戚、朋友和老板来帮助我重新思考我所遭遇的逆境。他们帮助我认识到，作为一个局外人要有坚强的意志。虽然这里没有提及他们的姓名，但是我十分感谢他们的鼓励，是他们让我走上了正确的人生道路。

  我写的这本书，对母亲39岁去世时还是个青少年的我来说具有重要意义。令我痛苦的是，母亲不曾亲眼见到她的牺牲所成就的最好结果——继承了她的品质的三个孙女。同我所有的作品一样，这

致谢

本书献给我的母亲。她留下的财富将不断传承下去。

感谢我的家人和朋友,是他们帮助我把一个羽翼未丰的想法变成了你手中的这本书。20多年来,我有幸在乔治梅森大学的幸福实验室(Well-Being Laboratory)与一群既聪明又富有创造力和洞察力的同事一起工作。没有他们,我不会有现在的效率和创造力,也不会收获这么多的快乐、意义和心得体会。很多人其实并不知道他们的付出和观点对我产生了多大的影响。在此,特别感谢以下各位所做的巨大贡献:安娜·刘易斯(Anna Lewis,被称为女性版夏洛克·福尔摩斯)、安杰拉·弗斯特(Angela Furst)、阿斯利汉·伊玛格(Aslihan Imamogl)、布拉德利·布朗(Bradley Brown)、大卫·迪萨巴托(David Disabato)、大卫·崔(David Choi)、大卫·哈姆雷特(David Hamlette)、詹姆斯·多利(James Doorley)、克里·凯尔索(Kerry Kelso)、劳拉·华莱士(Laura Wallace)、洛根·克雷格(Logan Craig)、萨伊·卡努里(Sai Kanuri)和谢利·贝尼塔(Shely Benitah)。我也很感谢选修我的"幸福课"的数百名学生,书中许多想法正是在他们身上进行的实验。

23年来,我与太多了不起的研究者合作过。他们的名字我无法一一列举,但值得庆幸的是,我们的研究成果被载入了科学史册。每一次看到我们在期刊上共同发表的文章列表,看到数以百计的学术会议海报,回忆起我们举办的更大范围的讲座,我的感激之情都难以言表。在创作本书的过程中,许多研究者曾与我分享他们未发表的研究结果，或者通过邮件、电话和面对面交流等方式回答我的一连串问题，感谢他们给我的帮助。

作为科学家和作家，孤独是最常见的状态。因此，我要感谢身边所有的朋友、家人和同事，他们曾在无意间提供了重要的想法、故事和批评，是他们的活力、支持、才智和幽默陪伴我走过孤独的时刻。我的一个爱好就是结识有趣的人，我愿意把我的世界与他的世界相融合的人。我说的就是你们。正是因为能与你们在篝火旁聚会，一起散步，在足球场外互动，一起喝威士忌、抽雪茄，我才得以保持清醒和平静。谢谢你们。

我的智囊团里有几位做出了突出的贡献。法伦·古德曼（Fallon Goodman），你是整个地球上我最喜欢的人之一。你的坦率、正直和智慧是无法估量的。我将永远珍惜从你那里得到的灵感。我们之间的玩笑和辩论不仅丰富了我的生活，还提高了本书的质量。帕特里克·麦克奈特，你是我一生的合作者，是我人生和科研旅程中的好兄弟。如果要问我为什么享受在乔治梅森大学工作的这16年，答案就是与你共度的时光。罗伯特·比斯瓦斯-迪纳（Robert Biswas-Diener），你是我见过的最有创造力的思想家之一。与你一起写我的上一本书，与你一起举办研讨会，或者仅仅是每周和你打上十几个小时的电话，都使我充满力量。你们三个将永远是我在智识上最好的伙伴。如果不能与你们进行思想和心灵上的交流，我无法想象我的生活会变成什么样子。

致谢

赛斯·舒尔曼（Seth Schulman），你是我认识的最有说服力的作家之一。在你的帮助下完成这本书是我的荣幸。我会一直赞美你的能力。

许多作家都梦想能找到一个经纪人，任何一个经纪人都可以。找到克丽丝蒂·弗莱彻（Christy Fletcher）作为我的经纪人是我的福气。她将怀疑的态度和坚强的毅力完美结合。作为一个富有同情心又聪明的人，她常常比我自己更了解我应该做什么或者在哪方面可以做得更好。从一开始合作，我就确信她是我出版这本书的理想搭档。谢谢你给我这个机会。

与同一位编辑合作出版多本书籍是一种美妙的经历。我们一同学习，一同成长。卡罗琳·萨顿（Caroline Sutton），你很清楚你是如何激励我，如何调整我的思维和写作思路。你机敏过人，知道什么时候该批评，什么时候该表扬。与你交流合作既轻松又有意义。在你的陪伴下，我取得了长足的进步。这些话也适用于我在埃弗里（Avery）出版社认识并共事的每一个杰出的人：凯西·马洛尼（Casey Maloney）、法林·施卢塞尔（Farin Schlussel）、汉娜·斯泰格迈尔（Hannah Steigmeyer）、安妮·科斯莫斯基（Anne Kosmoski）和罗舍·安德森（Roshe Anderson）。当身边都是专业人士时，你就可以放开手来工作，并向他们学习。每次和埃弗里出版社的员工合作都会给我这样的感受。

我的智囊团里还有其他成员对我的生活产生了重要影响。巴

227

不服从的艺术

里和玛丽莲·斯皮茨夫妇（Barry and Marilyn Spitz）就像我的父母。我很喜欢看他们与7个孙辈交谈——他们从不低估孩子们的能力，愿意倾听他们，总是用不同寻常的想法、故事或问题吸引他们，让他们着迷。

巴里是我的榜样，我希望自己可以成为他那样的父亲和祖父。如果充实的人生是具有爱与被爱的能力，拥有丰富有趣的经历，那么巴里绝对算得上一个传奇人物。我从他的经历中吸取了大量经验。在巴里因患新冠肺炎而病重时，巴里把他的胳膊放在我的肩上，让我感受着他带来的温暖和安定。巴里去世时，我才开始写这本书不久。也许当时有几个有原则的不服从者站出来，勇敢表达自己的想法，质疑美国政府的防疫措施，这个悲剧就不会发生。我等待着他们的出现，但是他们始终没有出现。我写这本书就是希望能培养一群有原则的不服从者，随时准备着阻止下一场悲剧的发生。为了巴里，更为了成千上万无谓死去的人。

家庭是我生命中最重要的一部分，而我的妻子萨拉就是这个家的根。她让我和孩子们感受到爱意和关心。她希望创造一个充满友爱和仁慈的世界，她总是督促家里每个人对有需要的人伸出援手。所有认识她的人都因为她而拥有了更美好的心境。

这本书还写给我的三个女儿：雷文、克洛伊和维奥莉特。你们给予我最大的幸福、意义和满足感。我珍惜你们每一次有原则的不服从，也将永远是你们的守护者。